季子序文集

徐季子 著

图书在版编目（CIP）数据

季子序文集 / 徐季子著 . — 宁波：宁波出版社，2015.7
ISBN 978-7-5526-2146-4

Ⅰ. ①季… Ⅱ. ①徐… Ⅲ. ①文化研究—宁波市—文集 Ⅳ. ① G127.553-53

中国版本图书馆 CIP 数据核字（2015）第 141706 号

季子序文集

作　　者	徐季子
责任编辑	卓挺亚
出版发行	宁波出版社
	（宁波市甬江大道 1 号宁波书城 8 号楼 6 楼　315040）
印　　刷	浙江新华数码印务有限公司
开　　本	700 毫米 ×1000 毫米　1 / 16
印　　张	9.5
字　　数	102 千
版　　次	2015 年 7 月第 1 版
印　　次	2015 年 7 月第 1 次印刷
标准书号	ISBN 978-7-5526-2146-4
定　　价	25.00 元

本书著有印装错误，影响阅读，请与承印厂联系调换，联系电话：0571-85155604

序

不论是一本文学作品,还是一部学术著作,或是一册综艺杂谈……书前都会有一篇序,提示该书的内涵、要点,并作相应的评价。读者在选读新书前也要先看看序文,来考虑这本书有没有读它的意义,序对书能起到画龙点睛的作用。

《季子序文集》收录序文39篇以及书籍点评、读后感9篇,一部分是笔者对自己著述的自序,一部分是为乡贤、友好著作写的序文。这些文字写作时间前后相隔一二十年,由于年长日久快将淡忘了,但"敝帚自珍",翻阅旧作,唤起记忆,别有一种滋味。

序文中有对浙东传统文化的阐发,有对历史人物的论述,有对乡土文物的记叙,有对人情、物理的记录……将这些集成书册,不仅便于保存,温故而知新,也有一定意义。

感谢宁波出版社和马玉娟社长支持本序文集的出版,作序以表谢意。

徐季子
于二〇一五年一月九日,时年九十四岁

目 录

序 …………………………………………………………… 1

《当代名家学术思想文库·徐季子卷》自序 ……………… 1
《畅堂文集》自序 …………………………………………… 5
八十抒怀——《徐季子文选》代序 ………………………… 9
《畅堂文谈》自序 …………………………………………… 15
《文心与禅心》自序 ………………………………………… 18

《浙东学派当代名家——傅璇琮学术评论》序 …………… 20
《浙东学术文化名人》序 …………………………………… 24
《姚燮研究》序 ……………………………………………… 28
《〈论语〉解读》序 ………………………………………… 32
《海上茶路与东亚文化研究文集》序 ……………………… 35
《寻绎慈溪文化之源流》序 ………………………………… 38
《宁波帮研究》序 …………………………………………… 42
《宁波帮经营理念研究》序 ………………………………… 46

《宁波历代文选·散文卷》序 …… 48
《宁波历代文选·诗词曲卷》序 …… 50
《宁波历代文选·戏曲卷》序 …… 53

《唐诗八十首印谱》序 …… 57
《〈礼记〉选句印谱》序 …… 59
《赧翁集锦》影印版序 …… 61
《三苑掇英》序 …… 64
《中华当代儒商书画选》序 …… 66
《茶文化书画集》序 …… 69
《宁波五十年掠影》序 …… 71
《宁波当代作家散文选》序 …… 73
《绚丽的历程》序 …… 77
《梁祝的传说》序 …… 80
《宋诗文的故事》序 …… 83
《宁波老故事》序 …… 86
《宁波民间故事集》序 …… 89
《民间故事集成·海曙卷》序 …… 91
《宁波旅游景点导游词》序 …… 93
《千年月湖》前言 …… 95
《当代茶诗选》序 …… 98
《甘苦人生》序 …… 101
《戚天法剧作选》序 …… 104
《黄土情》序 …… 108
《杂碎集》序 …… 110

《山乡巨澜》序 …………………………………… 112
《迷人的杨梅王国》序 …………………………… 115

联结历史文化和现代文明的桥梁
——《宁波通史》首发式上的发言 ………………… 117
一部有深度的宁波人物记——《群星灿烂》读后感 …… 122
秋水文章　史传笔法——读《柔石二十章》 ………… 126
《周时奋文存》出版感言 ………………………… 129
《文学港》百期之喜 ……………………………… 130
读宁波版《红楼梦》 ……………………………… 132
浙东史学的新枝——读乐承耀历史著作有感 ………… 135
甬上画家三品 …………………………………… 137
《宁波剧作家优秀作品选》评赞 …………………… 141

《当代名家学术思想文库·徐季子卷》自序

这本文集的主要内容有两方面，一是浙东文化的研究，一是佛教哲学和中国文学的研究。

浙东学术文化，兴起于两宋，盛行于明清。自章学诚在《文史通义》立《浙东学术》篇，揭示浙东学术之源流，阐发浙东学者的思想要点之后，浙东学术引起学界普遍重视，前辈学者章太炎、梁启超等大师对浙东学术都作过精辟的评述；何炳松还出版了专著《浙东学派溯源》，研究浙东学术的内涵，探讨"浙东学派"的传承。浙东学术是浙东文化的华章，对浙东文化的发展有着深远的影响，当代著名的历史学家陈祖武先生认为，"明清时期的浙东学术，已经远远逾出地域学术的范围，从而成为一个具有普遍文化价值的学术形态"。概要地说：浙东学术文化继承了孔子的仁、忠、恕、儒学；发扬了孟子性善论的心性学说；确立了尊德性、立诚信、致良知、贵实践的道德观；建立了"天下为主君为客"、民为邦本、经为今用、史为国用、经史致用的浙东史学；倡建了知行合一、经世致用、求真务实、严谨治学的思维方法。历代有代表性的浙东学者,都对浙东学派、浙东学术、浙东学风的形成,做出各自的贡献。

与浙东学术相对称的还有宁波的商贸文化。浙东学术文化和商贸文化都有过辉煌的历史,两者同时出现在四明大地上,相互间不能不受影响。历来善于经商的宁波工商业者都是务本求实、勇于开拓创业的实践家,他们长期形成的务实思想,无形中影响了宁波人的思维方式。浙东学术一个很大的特点就是在学术思想上要求真务实,主张在行为实践上下功夫,这与宁波商贸文化的影响不无关系。同时,我们看到宁波帮的商业智慧也受到浙东传统文化的影响,宁波商人常说"做生意要讲良心","经商要以诚信为本"。显然,这种商业道德同浙东文化的影响有着密切关系。宁波商贸文化以务实精神影响浙东文化;浙东文化以诚信、尊德、重义影响宁波商人,两者相济相成,使甬帮商人有较高的商业智慧和良好的商业信誉,这是"宁波帮"能够不败不衰的历史原因。

有一与浙东文化紧密相关的地方叫"月湖"。明州月湖是唐贞观四年(630)开辟的城中水地,到北宋嘉祐年间(1056~1063)和元祐八年(1093)由钱公辅、刘珵两任明州太守在主政时先后营造完成的水乡胜境,湖上有七桥三堤十洲,"湖水之静深,足以洗道心;湖水之澄洁,足以励清节;湖水之霏微,足以悟天机"(全祖望《湖语》)。月湖是四明高官致仕后,息影林泉休闲之地,也是浙东学者名士问道讲学之处。宋孝宗时任宰相的史浩致仕后,在月湖读书赋诗;宋代鸿儒楼钥、王应麟在月湖著述《攻媿集》和《困学纪闻》;心学大师杨简、袁燮、沈焕、舒璘四明四先生在月湖边传授象山心学;黄宗羲、万斯同等师徒在月湖附近的白云庄探究浙东史学；一代才士全祖望在月湖完成鸿篇巨制《鲒埼亭集》……月湖可以说是浙东文化的一面镜子；也是浙东学术的发祥地之一，介绍月湖也就是介绍浙东文化。

《佛教哲学和中国文学研究》是笔者从事古代文学和古文论研究部分论文的汇编。印度佛教在东汉时传入中国，经过魏晋南北朝数百年时间与中国文化相斥相济的磨合，终于与中国文化逐渐融会，到了隋唐便形成了有中国文化因素的汉化佛教，同时也进一步扩大了佛教在中国的影响。本土化的佛教思想对我国古代文学艺术和文学理论都有较大影响，尤其是大乘空宗哲学、般若学、中道观以及禅宗明心见性的证心法门，对古代文论、诗论、画论的影响尤深，文论和诗学中的境界、意象、意境、情性、空灵、妙悟、气韵等观点，大都是受佛教哲学的影响而生发的。我国古代的诗歌、小说、戏曲、绘画、音乐受佛教思想影响的作品更是难以胜数。研究古代文论和文学艺术，既要深入了解儒家、道家思想的影响；也不可忽视释家思想的影响。我们在了解古代文学家和文论家论著和创作时，往往发现愈能吸收融会诸家思想的作家和理论家，愈能写出醒人耳目、不同凡响的作品和论著。如盛唐三大诗人，杜甫诗篇处处流露仁爱思想，被称为"诗圣"；李白诗篇豪迈恣纵，不受拘束，被称为"诗仙"；王维诗篇清静恬淡，被称为"诗佛"。其实，杜诗中也有道家的旷达，李诗中也表露过"仁政爱民"的儒家思想，王诗中也抒发过"政通人和"的入世精神，在他们形象化的诗句中，蕴涵着多种哲理思维是很自然的。宋代大家苏轼更是将儒道佛思想融会贯通，在不同境遇中作出不同的反应。他有时以儒家思想为主导，有时以佛老思想为主导，有时则水乳交融，不露痕迹，将三种思想融通于一篇诗文中，如他在元丰五年(1082)被贬后在黄州作的《赤壁赋》,就是在特定环境、特殊心境中,将儒道佛三种思想熔于一炉的千古绝唱。又如南朝梁代杰出的文学理论家刘勰,他那"体大思精"的巨著《文心雕龙》,称儒家的经典为"含章之玉牒,秉文之金科"(《文心雕龙·征圣》),"恒久之至道,不刊之鸿教"(《宗经》);他著《文心雕龙》的指导思想是"本乎道、师乎圣、体乎经、酌乎纬、变乎骚"(《序志》)的儒家思想,而他对作家、作品"擘肌分理,唯务折中"的分析方法却是以龙树的"不即不离,双遮双照"的思维方式,"有不定有,空不定空,空有不二,名为中道"(《佛祖统记》卷六)的"中道观"为依据。他言"为文之用心",论文思想之周密圆通,就得益于他儒佛兼修的学养。我国儒释道三家思想,在民族传统文化中既相对立又相统一,是相辅相成的。宋明儒的理学,在义理上视佛教为异端,排佛态度明显,而在他们的思维方式上,不论是理学家还是心学家,都在有意无意中吸纳"禅"的思维方式,他们的心学与理学都含有"禅"的意识。佛教哲学和中国古代文学的关系,有许多方面都值得研究。

　　以上是对本卷内容的一些说明,以为序。

二〇一〇年五月

《畅堂文集》自序

在我八十岁时,感谢宁波市文联、市作协和宁波出版社,曾为我出版了《徐季子文选》。年轮匆匆,转眼间我已快到九十了,有朋友建议我再出一本集子,我自己也有此意,拟将我八十岁以后写的论文、随笔再合成一集,给自己的文化生活作一总结。在一次会上,我和文联党组书记李浙杭同志谈起此事,浙杭同志很赞同,并问我具体打算。我说:有两种考虑。一是只将近年来发表过而未成集的文字合成一集出版。另一种设想是自己已近九十高龄,以后倘能读书看报,已属人生幸事,再要思考问题、动笔作文,恐怕力不从心了。为此,将以前出的《文心与禅心》《畅堂文谈》《徐季子文选》等集子中,经过时间检验,为读者和专家认可的作品精选一部分,和后来发表的文字合成一集出版。他说"还是出一本精选本吧",并嘱我尽快将篇目选好,送文联审阅。

这本集子为什么叫"畅堂文集"呢?请允许我说几句老话,1992年,我家迁到厂堂街,近凉台有一小间可作书房,一时高兴就在手记中写道:"室虽不大,列书三四架,可探书味一二;凉台莳花草数盆,无奇花异卉,但四时生气不绝。居于斯,有事务当尽力而为,无所任则读书自娱,无贪无求,心安理得。气顺时秉笔行文,倦怠时则闭目养神,恬淡自守,心胸舒畅,'厂''畅'音近,故名此室为'畅堂'。"同年出了一本集子就取名"畅堂文谈"。后来我家虽已迁出厂堂街,但"畅堂"两字就保留下来了,这本集子叫"畅堂文集",是《畅堂文谈》的延续。

《畅堂文集》内容分为四辑:一是"畅堂随笔"。"文章之道无他,辞达而已",随笔是一种比较自由的表达方式,是随时随事、随兴随意之作,生活中的感想、读书时的感悟、人际交往间的感情,大事的感受、小事的感触,好事的感激、坏事的感叹,只要出之于真情实意,都可形诸笔墨。随笔包罗万象,文字多少由之,最能看出作者的感情、兴趣、学养和性格。"畅堂随笔"大部分是我读书学习中的感悟、工作生活中的感受,或显或隐地表达了我对家乡宁波的一份感情。

二是"乡贤书序"。读书是我长期形成的职业习惯,我微薄的知识大都是从读书中得来的。我很尊重能写出有益于社会的好书的作家,尤其珍爱生活在同一地区的学者、作者写的书,读他们的书有种亲切感。有时,他们在出书前要我看看他们的手稿,写点感言,在一般情况下我是不推辞的。"乡贤书序"就是为他们的书作的序。作序比写其他文章态度更要严谨,既要尊重作者,又要尊重读者,不敢虚美,也不能略优,把我读后的感想实事求是地写下来。有时在读稿时,受到启发,思绪联翩,就借题发挥,谈些自己的观点,高兴地将书中的精华介绍给读者。在"乡贤书序"中也无形地寄寓着"乡情"。

三是"浙东文化综论"。我心仪浙东学术文化。浙东学术文化不仅是地区性的传统文化,而且是影响深远的优秀民族文化的组成部分。兴起于两宋,盛行于明清的浙东学术文化,继承了孔子的仁、忠、恕、儒学;发扬了孟子性善论的心性学说;确立了尊德性、立诚信、致良知、贵实践的道德观;建立了"天下为主君为客"、民为邦本、史为国用的浙东史学;倡导了知行合一、经世致用、求真务实、严谨治学的思维体系。历代有代表性的浙东学者,都对浙东学派、浙东学术、浙东学风的形成,做出各自的贡献。如何将浙东文化的思想核心和中国特色社会主义的核心价值观联系起来,去芜存精、求真务实地吸取浙东文化合理的内核,为社会主义精神文明建设服务,是一门值得研究的课题。我虽有志于此,但学识不深,精力不济,力不从心。为此殷切祈盼当代才高学饱、年富力强,有识力、有精力、有魄力的同志来担此重任,我愿意将我发表的有关浙东文化研究的材料,贡献给他们,供他们参考。

四是"佛教哲学和中国文学研究"。这一组论文是我在高校从事古今文学理论教学,结合教学进行学术研究时发表的学术论文。当时重点研究课题是"佛教哲学对中国文学的影响"。佛教自东汉传入中国,经魏晋南北朝数百年时间与中国文化相斥相济,终于逐渐融入,到了隋唐便形成了有中国文化特点的汉化佛教,同时也进一步扩大了佛教在中国的影响。本土化了的佛教思想对我国古代的文学艺术和文学理论都有较大影响,尤其是大乘空宗哲学、般若学、中道观以及禅宗明心见性的证心法门,对古代文论、诗论、画论的影响尤深,古文论中的境界、意象、意境、情性、空灵、妙悟、气韵等观点大都是受佛教哲学的影响而生化的。我国古代的诗歌、小说、戏曲、绘画、音乐受佛教思想影响的作品更是难以胜数。研究古代文论和文学艺术,除了要深入了解儒家、道家思想影响之外,也不可忽视释家思想的影响。本于这一缘由,所以也将这组论文收进了《畅堂文集》。

最后,我再次感谢文联李浙杭同志和有关领导的关心支持,使《畅堂文集》能顺利出版。

二〇〇九年十二月五日

八十抒怀

——《徐季子文选》代序

我1922年1月1日出生,至今已八十出头,按孔子"四十而不惑"的说法,我已过了双倍的"不惑之年",应该说是"于事物之所当然,皆无所疑"了,但是我做不到,许多事我还"知之不明",特别在信息化社会,知识爆炸的年代,大千世界瞬息万变,我不懂的事理太多了,感到"惑"的问题实在不少。有些"惑"通过探索、学习、思考,可以解开,有些"惑"则非知力所及,一时难以解开。我想一个人能在大是大非、大善大恶问题上看得明,分得清,站得稳,就可以说"不惑"了,如果要遇事不惑,恐怕不易做到,连孔子他也自叹"君子道者三,我无能焉:仁者不忧,知者不惑,勇者不惧"。(《论语·宪问》)在他游说诸侯,饱经忧患之后,也感到有些事难以不惑。我以为"惑"是人所常有,是生活中的正常现象。不过有了惑要设法去解,有疑惑而不去解,久而久之会成为怀疑论者,甚至对生活失去信心,这很不好,所以有了惑就必须解。何以解?"知者不惑"用知来解,有疑惑要力求真知来解惑,如果一时求不到真知,就待以时机,不要强不知以为知,"知之为知之,不知为不知,是知也"。求知要实事求是,明白了弄通了,惑就解了,弄不明白不要不懂装懂,强不知以为知。以不知为知,比无知更缠心,以惑来解惑,就更迷惑,人若迷惑,是非就分不清楚了。所以有了惑就要虚心求知,求到了真知,惑总归是能解除的。禅宗认为要破除迷障,"明心见性",关键在一"悟"字,"不疑不悟,大疑大悟",疑和悟是认识事物的两端,有疑惑就得去解,参透了,疑惑解除了就是悟。解惑就是求知,解的惑愈多,人的知也愈多,由惑而知,知者不惑,恐怕人的知识就是在由惑到知的过程中积累起来的。解惑求知,求知必须要学,"吾尝终日而思矣,不如须臾之所学也。"(荀子《劝学》)知是解惑必经之路,学是求知必由之道。我知识很浅,遇到惑的地方很多,为了解惑必须求知,为了求知必须勤学。当年周恩来总理曾说过"要做到老学到老,学到老做到老"。这话给我教育很深,我虽年过八十,仍不愿"休学"。

我自幼家境贫寒,父母含辛茹苦养我成人,父母之恩没齿难忘。因为无钱上学,所以很早就进入社会,13岁时在一家五金号当学徒,三年满师。卢沟桥事变,抗日战争爆发,举国上下同仇敌忾,报国热血沸腾,在"起来,不愿做奴隶的人们"的浩歌声中,我离开商店,投身到抗日救亡的洪流中。八年抗战,我当过战地服务团团员,战地巡回宣传队队员,抗战剧团演员、导演,这就是我的"社会大学"。由此而接触音乐、戏剧、文学,成了"战时文化人",过着极不稳定的半流浪生活,跑遍大半个中国,到过前线后方,受到过光明的启示,也经受了国民党的黑暗统治,接触过三教九流,也阅历了世间万象,这一切对我人生观的形成,都有一定的影响。抗战胜利前夕,我转到四川一所中学教书,自此跨进了教育领域,先后长达40余年,由中学到大学,由教师到教授,这是我人生经历中的重要阶段。学校讲究学历,我没有受过系统教育,没有拿到过一张文凭,从学历上说我是一个不合格的教师。但既然跨进了学校,我就必须适应学校生活。人贵有自知之明,学历不合格,努力在教学、教育实践中使它合格;既然跨进了知识分子行列,就必须用知识来充实自己。于是我抓紧读书,比别人花更多功夫在读书上,读我读得懂的书,也啃一些一时啃不动的书,三年五年,十年二十年,持之以恒,读的书多了,内心也慢慢充实起来了。我读的大多是文史哲社会科学方面的书,开始读古今中外文学名著,后由文学转向美学和文艺理论,又由文艺理论深入到哲学、史学……为我在大学任教、搞学术研究积累了"原始资本"。读书要记牢,就得做笔记,笔记做多了,笔记中的知识慢慢地在自己头脑中融化,有时也化出自己的一些感悟、一点心得,有了感悟和心得就想将它写出来,写着写着也写出些名堂,于是就将写作当作"副业"。"读书要持之以恒,持之以恒必有所得"确是至理名言。我没有名师指点,但"转益多师是吾师",我的老师很多,多得叫不出名字。由于没有受过系统教育,基础毕竟不够扎实,有时运用知识难免跛脚,比如我对自然科学,可说一窍不通,文史可以自学,而对自然科学,连 ABC 都不懂,自学就很困难,至今我还是个"科盲",在信息社会,做个"科盲"内心是不好受的,这是我的大惑。可是"老夫耄矣,无能为也",这个惑此生是难以解开了,只好在平时多注意培养思维的逻辑性,思考问题多学点科学方法,不要说颠三倒四的混话。

当我还在"少年不识愁滋味"的年代,曾梦想做个非常的人,司马相如说过"盖世必有非常之人,然后有非常之事;有非常之事,然后有非常之功。非常者,固常人之所异也"(《史记·司马相如列传》)。我羡慕那些建大功、立大业、有大成就的非常人，希望有一天我也能做出非常之事，成非常之人。当然这是年轻时天真的狂想，像我这样一个资质中平，学问不大，境遇不佳的人，连拜成功者"路尘"都跟不上，何能做出"固常人所异"的非常之事呢！但我又觉得有这种想法也不坏，"高山仰止，景行行止，虽不能至，心向往之"，它促使我去读历史，读名人传记，读文学名著，听名人演讲，满足一些心理的渴望，起码使我明了每一时代都有这一时代的非常之人，这一时代的非常之人必然对这一时代有非常贡献，并且有异于常人的优秀品质和博大胸怀。我虽做不到，但也决不做逆时代潮流而动的庸俗小人。

  岁月悠悠，头上青丝变白发，额头上皱纹多了，心境也日趋平实了，不能做个非常人，就老老实实做个平常人吧。辛弃疾是大英雄大诗人，他怀抱报国雪耻恢复山河的壮志，但壮志未酬，人却垂垂老矣，在博山道中写出富有哲理的《丑奴儿》一词："少年不识愁滋味，爱上层楼，爱上层楼，为赋新词强说愁。 而今识尽愁滋味，欲说还休，欲说还休，却道天凉好个秋。"他是非常之人，处于非常之时，而不能建功，其胸中之愁绪可想而知，可是他却在原本多愁的秋天，不再说愁而道"天凉好个秋"，表达他既无奈又豁达的心情。我们眼前是满园春色，繁花似锦，又何必为个人一些不称心的事而愁绪满怀呢！以平常心，做平常人，过平常日子，淡泊宁静度晚年该有多好啊！最近我和老伴与一位多年的老朋友喝茶谈心，她说她在家过的是"平平淡淡，平平静静，平平安安"的日子，这句随口而出的平常话，连用了六个"平"字，可以说是修养到家了。"平平淡淡"，只有素心淡泊的人，方能领略其中滋味；"平平静静"，只有摆脱杂务缠绕的人，才能享此清福；"平平安安"，只有在政通人和的大背景里，心态平衡，才能充分感受。友人极普通的三句话，真是余味无穷，说明她已进入了"豪华落尽见真淳"的境界。我年过八十，身心尚佳，有人问我养身之道，我说"不养而养"，生逢盛世，心情舒畅，老伴厚道，儿女孝顺，家庭和睦，朋友相交以诚，生活无贪无忧，这一切都是延年益寿的妙诀。

最近市文联、市作家协会研究决定并得到宁波出版社大力支持，要在我耄耋之年为我出一本文选，我得知消息后极为感动，既高兴又惶恐。高兴自不用说，惶恐是由于出文集和文选，通常只有三种人能够享受，一是作品有较大社会影响的作家；一是学识渊博，能自成一家之言的学者；一是建大功立大业，一言九鼎的伟人。我三者都不是，能不为此感到惶恐吗？我想可能是文联、作协和有关领导顾念我是半个世纪来，一直为宁波文化文艺事业的繁荣而奔走的老人，给予"安慰奖"吧！

市作协主席李建树同志通知我，要我先自选好篇目，再一起商量定稿，我想既称文选，总得选些有代表性、能反映个人风格的文字，于是就定格在四个方面。一是"随笔选"，随笔是随时、随事、随意、随兴之作，内容涉及面广，文字不拘一格，直接表达不同时间本人的思想感情。说是"随笔"，其实也包括散文、短评、游记、杂谈等文字。二是"文论选"，文论研究原是我在师范学院教书时的专业，曾出版过两本文论集，内容包括古典文学和古代文论的研究，佛教哲学和中国文学的关系的研究，文学内在规律的研究以及《文心雕龙》的专题研究。"文论选"选的是有个人观点并得到读者认可、专家评介过的论文。三是"浙东文化研究"，是我近年来进入的文化研究领域。中华传统文化博大精深，地域文化是民族文化的重要组成部分，浙东文化，尤其是陆王心学、浙东史学及月湖的人文精神,在历史上有过较大影响。《文选》所选有关浙东文化的几篇文章和《月湖人物志》是笔者对浙东文化的初步探索,有待进一步深入。四是"序文选",其中序跋大都是应友人之约而作,不多说了。

《徐季子文选》的出版,无疑是对我的文艺观点和学术思想的一次总结,我感谢促成此书出版的陈继武、杨东标、李建树同志和市文联作协各位同志,感谢东标同志专为本书出版题写七律一首,为拙著增色;感谢建树同志为此书出版作精心策划,感谢宁波出版社李振声社长亲自任此书的责任编辑。

二〇〇二年 三月

《畅堂文谈》自序

1992年，我家迁到厂堂街，近凉台有一小间作为书房，一时高兴，就在手记中写道："室虽不大，列书三四架，可探书味一二。凉台莳花草数盆，无奇花异卉，但四时生气不绝。居于斯，有事务当尽力而为，无所任则读书自娱，无贪无求，心安理得。气顺时秉笔行文，倦怠即闭目养神。恬淡自守，心胸舒畅，'厂'、'畅'音近，故名此室为'畅堂'。"书中文字一部分写于"畅堂"，于是这本文集就定名为"畅堂文谈"。

《畅堂文谈》内容分"古典文学研究"、"文艺学散论"、"四明文采"三个部分。我国古代的哲学、文学、史学、伦理学、军事学……成就辉煌，在世界文化发展史上起过重要作用，后来由于种种原因，昔日的光彩渐失。自改革开放以来，随着经济的发展，学术文化又出现百家争鸣的繁荣景象，海内外许多著名学者，都推测二十一世纪中国文化将大放异彩。最近学术界开展"中华和合文化"研究，提出了令人深思的课题，指出"本世纪以来，由于经历了两次世界大战的浩劫和西方工业社会发展造成的环境破坏与人际关系紧张等'工业社会病',当代许多著名思想家再次推崇中国的'和合'文化精神,甚至将其上升到指导人类未来的高度认识"。(《中华和合文化研究概述》,见1997年1月27日《人民政协报》"学术家园"版)我自己在文艺理论教学和古代文论研究中,对此也曾有过朦胧的认识,最近读了专家们有关和合文化的论述,启发良多。中国古典文学和古代文论涵容广博,意蕴深厚,可供研究的含量十分丰富。"沧海无量,我只取一瓢饮",我只能就我力所能及做些努力。1993年曾将"《文心雕龙》研究"和"佛教哲学对中国文学影响"两组论文,集成《文心与禅心》一书出版。今再将古文论、古典文学研究另一部分如《苏轼诗论》、《东坡文谈》、《东坡词臆札》等篇章结集于此,作为本书的上编。其中《红楼梦之色空观》是我《佛教思想对红楼梦的影响》一文在国外发表时改写,也收在这本集子内。

"文革"以后,十一届三中全会的东风使大地解冻,万物复苏,文艺园地欣欣向荣。与此同时,西方现代派文艺思潮亦纷至沓来,一时诸说纷纭,议论横生,良莠难辨,莫衷一是。自然,西方文化(包括文艺理论)确有不少好的东西,吸纳进来于我有用,但决不能不分青红皂白将资本主义社会的腐朽思想文化贩运进来腐蚀人心;更不允许以此来否定中国社会主义的优秀文化传统。马克思主义文艺理论在发展,它的精神是不朽的,继《在延安文艺座谈会上的讲话》后,邓小平同志《在中国文学艺术工作者第四次代表大会上的祝词》是当代马克思主义文艺思想的经典,是中国文艺工作者必须遵循的指导方针。在当时纷纭复杂的文艺现象中,我遵循这一宗旨,发表了一些文章,谈谈自己的看法和想法,现将这些文字也编集在本书的"文艺学散论"中。今天看来有些论述还不够充分、文字也不够结实,但当时写这些文字时的感情还依稀可记,不妥之处,敬请高明指正。

本书下编为"四明文采",阐述宁波的历史文化和思想道德传统,并对宁波历代思想家、文学家、书画家,作些简单的介绍。同时对当前活跃在宁波文坛的作家、艺术家以及他们的作品,就自己的感受作些评介。我生长在宁波,除八年抗战时期在内地外,其余时间都在宁波,顾今思昔,对比新旧,感触甚深。特别是近几年宁波经济迅速发展,两个文明建设都取得很大成就,城市面貌显著变化,宁波的总体形象一天更比一天美丽,内心有说不出的高兴。想到多年来宁波人民赐予我者甚厚,而我对家乡贡献甚微,内心赧然,只能以"四明文采"这组文字来表达自己一点爱乡之心。

本书出版得到宁波市文联、宁波市文化局、宁波出版社大力支持;得到陈继武、杨东标、裴明海、戚天法、王耀成、张嘉梁、李振声诸同志热情关怀,并蒙浙江省文联主席顾锡东兄为本书扉页题写书名;成岳冲同志为编辑此书花了不少精力,在此一并致谢。

一九九七年春节

《文心与禅心》自序

《文心与禅心》包含两个方面内容：一是《文心雕龙》散论；二是佛教哲学和中国文学的研究。

《文心雕龙》是我国第一部最有系统的文学理论著作。刘勰学富五车，所著《文心雕龙》涉及我国古代文化的各个领域，可称之为中国古代文化学。《文心雕龙》上半部列叙各类文体的形成、发展和写作特点，下半部大都谈文学创作和批评鉴赏，作者将书名定为"文心雕龙"意思是"文心哉，言为文之用心也"，是一部言为文之用心的书。刘勰著这部书的时间，虽然已距今一千四百多年，但我们今天读起来不仅感到有启发，而且其丰富的内涵还有许多地方尚待作进一步的探求。历代文家对它评价很高，章学诚称《文心雕龙》为"体大而虑周"；周扬同志曾在中国《文心雕龙》学会成立大会上说"《文心雕龙》是中国古文论中内容最丰富、最有系统性、最早的一部著作，在中国没有其他文论著作可以与之相比……也可说是世界各国研究文学、美学理论最早的一个典型，它是世界水平的，是一部伟大的文艺、美学理论著作"。我想我们搞文学创作和理论研究的同志读它一定会有很大帮助。集子内的一些文章，大都是笔者在教学过程中为了帮助青年学生加深了解而陆续写的，大部分选题对文学创作有一定参考价值。为了读者阅读方便，行文力求简洁（每篇约八千字左右），各篇内容既相对独立，篇与篇之间又有内在联系。

集子下半部分论述佛教哲学对中国文论及文学创作的影响。

佛教自东汉传入中国，经魏晋南北朝数百年时间，与中国文化相斥相济，终于逐渐融入，到了隋唐便形成了有中国文化特点的汉化佛教，进一步扩大了佛教在中国的影响。本土化了的佛教思想对我国古代的文学艺术和文艺都产生过较大的影响，尤其是大乘空宗哲学、般若学、中道观以及禅宗明心见性的证心法门，对古代文论、诗论、画论的影响尤深。古文论中的境界、意象、意境、性情、空灵、妙悟、气韵等观点大都是受佛教哲学影响而生化的。我国古代的诗歌、小说、戏曲、绘画、音乐受佛教思想影响的作品更是难以胜数。研究古代的文论和文学艺术，除了要深入了解儒家、道家思想影响之外，也不可忽视释家思想的影响。本书所收的《般若学和唐宋诗论》、《佛教的语言观》、《刘勰论文的中道观》、《佛教思想对〈红楼梦〉的影响》、《〈金瓶梅词话〉的因果观》诸文是笔者对佛教思想给文学所产生影响的粗浅认识，不妥之处，敬请方家指正。

一九九三年一月

《浙东学派当代名家——傅璇琮学术评论》序

　　傅璇琮同志是当代负有盛名的学者,学识精深博达,专治唐宋文学,但涉及的学术领域十分开阔,多能见人所未见,发人所未发。他治学勤奋,著作多种,每一部专著或由他主编的大部专集的出版,都会受到学术界重视,是一位受人尊敬的学者。本书汇集了罗宗强等三十余位专家教授的专论和钱钟书等十多位名家的书信,对璇琮同志的学术成就和德行情操作了全面、深入、中肯的评述,读者读后定能得益,这里仅就其治学精神和治学方法谈点看法。

　　璇琮同志是怀着不可摇撼的民族自豪感来"深入透彻了解我们代代先人积累遗传下来的文化学术瑰宝"的。他说:"中国学者有责任也有义务发扬光大我们自身的学术传统,向世界展示中国学术的优势,为世界学术做出贡献。"这话虽然写在《周易与中国文学》(陈良运著)的序中,但他高远的治学目标却体现在他整个学术研究实践中,显示在他每一部著作中,贯穿在他所参与的各种学术活动中。他高深的学术成就本于他高远的治学目标。

璇琮同志在《〈李德裕年谱〉新版题记》中道出他治学的心得——"一心为学，静观自得"。学者多认为"一心为学，静观自得"是他治学的精神支柱。人的一生大都是在顺境和逆境中交叉行进的，人人都希望生活过得顺顺利利，但谁都难免会遇到许多不顺心的事，甚至会经受各种挫折、磨难和痛苦。如何看待顺境和逆境，理顺两者的关系，是人生哲学一个重要的课题。在运动不息的年月里，璇琮曾因"莫须有"的罪名，受过委屈，而他虽身处逆境，但"一心为学"的初衷不改，在"静观自得"中反求诸己。他在精神舒畅时好学不倦，在精神受挫时依然凝神一志，"衣带渐宽终不悔"，在学术研究上下苦功夫。他说："我们做学问，确不必有什么政治牵挂之虞和世态炎凉之辱。"脚踏实地做学问，在"静观自得"中开创出一片光灿灿的学术天地，其治学精神是坚韧的。

璇琮同志读书很多，既熟读常人熟知的书，更精读常人罕见和难知的书。精深是璇琮治学的功夫所在，他的精深建立在博通基础之上，由博通而精深，又由精深而博达。璇琮搞学术研究有一独特的思路，即"舍易就难，舍热求冷"（吴汝煜编《唐五代人交往诗索引》序）。他攀登学术高峰，走的是一条不平坦的山路。他不做热热闹闹的表面文章，而自甘冷落，深入到人所未及的深处。他重史料、重考据、重实证，有理有据地改正前人的错断和旧史的误植，给人以新的启示。如《李白任翰林学士辨》以切实可靠的实证说明李白于天宝初应诏入宫时只为翰林供奉，非为翰林学士，修正了一些关于李白的讹传，指出从天宝初几年李白在长安的生活和心情来看，不能把"李白的高傲看得太重，实际上李白难免于世俗，他是不能脱离社会实际的"。这些精辟的辨析，使我们对李白有了更全面的认识。这不仅无损于大诗人的形象，而且让大家对李白的性格和诗篇了解得更真切。又如《从白居易研究中的一个误点谈起》，"史诗互证"，阐明白居易"五年间的翰林生活，是白居易一生从政的最高层次，也是他诗歌创作的一个高峰，但同时又给他带来思想、情绪上的最大冲击，在这之后他就逐渐疏远政治，趋向闲适"，这使我们明白了白居易的诗何以会有前后两种迥然不同的风格。正由于璇琮同志有"舍易就难，舍热求冷"的良苦用心和"史诗互证、情理兼容"的研究方法，他才能在学术研究道路上，不时出现柳暗花明的新境界，提出一个又一个令人信服的创见。钱钟书先生在所赠《管锥编》的题签写道："璇琮先生，精思劬学，能发千古之覆，吾之畏友。"这对他的学术贡献作出了最有分量的评价。

璇琮同志为人朴实无华，待人亲切平和，对治学要求却十分严格，"力求务实创新，切忌急功近利"，反对浮夸不实的作风。他探讨问题求真务实，弄清事例的本末真伪坚持实证，解决一个问题要翻阅很多资料，从别人未发现的问题中找出真实可信的依据来修正前人的错误。读璇琮的书，我常常会有如在读浙东学派前贤著作的感觉。读杨简的《慈湖遗书》，读王应麟的《困学纪闻》，读王阳明的《传习录》，读黄宗羲的《明儒学案》，读章学诚的《文史通义》，读全祖望的《鲒埼亭集》部分文章，虽然他们处在不同的朝代，文章的内容也各不相同，但读时总觉得有股脉络是前后贯通的——他们有严谨治学重考证、情理兼容重实学、经世致用重实践、言行一致重德性的共性。浙东学派前辈的学术重心在哲学、史学、伦理学方面，璇琮同志的学术重心在古典文学方面，他们的研究范畴虽不同，但严谨笃实的学风、纯正明达的文风十分接近。浙东学术文脉源远流长，璇琮的学术是这条文脉中的一环，我们相信浙东学术文脉今后还会绵绵不断地延续下去。宁波学者公认傅璇琮同志是当代浙东文化的代表人物，他继承并发扬了浙东学派严谨笃实、经世致用的学风，开拓了学术研究的新空间，为中国古典文学和传统文化研究做出了卓越的贡献，家乡人为他感到骄傲。

1949年5月宁波解放后，钱念文先生与我一起调至宁波中学工作，钱先生任校长，我任辅导主任，同时又兼教学。当时璇琮为高中一年级学生，曾听过我的课，故我们早有交往。后他于1951年秋以同等学力考取清华大学中文系，自此即长期在北京求学、工作。但他对家乡仍具深情，特别是对宁波的文化事业十分关注。20世纪90年代初，宁波编纂《宁波市志》，由中华书局出版，璇琮同志时已为中华书局总编辑。他不仅在单位认真细密审稿，有一次还特地带一位编辑来宁波，住了七八天，日夜审读，有时还逐句修订。后来他还为《宁波市志》作序，在序中特别提出，这次新编的《宁波市志》"发扬了'贵致用、务博综、尚实证'的浙东学派的严谨文风"。此后他又应宁波出版社之邀，主编《中国藏书通史》，此书于2001年出版，2002年获中国图书奖。近几年，他又主编《宁波通史》，每年都要来宁波几次，这就更加深了他对家乡的情谊。他在一篇读书随笔中特意引用宋代著名文人范仲淹的两句诗："满面南风指四明，山长水曲不胜情"，这确能体现璇琮同志深挚浓郁的乡情，很值得一提。

宁波出版社编辑出版《浙东学派当代名家——傅璇琮学术评论》，有识力，有魄力。这既是对傅璇琮同志学术贡献的高度肯定，也有利于促进大家对浙东学人、浙东学派严谨务实学风的再认识，同时也能对时下"学术只为名利谋"以及急功近利、飞扬浮躁的风气起一点匡谬正俗的作用。

二〇〇七年春节

《浙东学术文化名人》序

黄宗羲的《明儒学案》，和由黄宗羲、黄百家、全祖望著述的《宋元学案》，开创了编纂学术思想史的先河。中国第一部学术思想史产生在浙东，是浙东学术文化的光荣。时隔五百年后，我们看到了由李磊明同志主编的《璀璨的文化星空——浙东学术文化名人》一书，仿佛又闻到浙东学术文化的书香气，同时也引发出了一个问题：《浙东学术文化名人》的出版是浙东学术文化的余波微澜，还是为浙东文化带来再创辉煌的一种信息？答案应当是后者。希望它能为宁波文化大市建设鸣锣开道，我们不但要以先辈开创的文化大业为荣，更要为我们这一代人创造的文化大业的新辉煌为荣。

《宁波日报·学苑版》响应浙江省委"关于加快建设文化大省的决定"和宁波市委"建设宁波文化大市"的号召，专门开辟"浙东学术文化名人"专栏，组织专家学者撰写有关浙东学术文化名人的专论50篇，分别介绍自汉唐宋元明清至现代50位四明籍学术文化名人，其中有在学术思想上引领风骚、具有开创性导向性的大学问家、大思想家和尊为人师的道德楷模,例如:气度恢弘、淡泊自守、高风亮节、卓立独行的汉隐士严子陵;操持忠直、名高位显、博学多能、诗书文三绝的贞观名臣虞世南。

入宋以后,浙东学术更是人才辈出,星空璀璨、光照千秋,如倡导尊德性、立诚信、贵人心,力行以德养身、以德行政、以德育人,"直而温、毅而宏"的一代宗师"四明四先生"——杨简、袁燮、舒璘、沈焕。

如博览群籍、综理百家、深思明辨、求真务实,提出"思欲近,近则精;虑欲远,远则周"的思维逻辑,提倡"不以笃实为本,则学不足以成德,文不足以明理"的治学方法和"不愧于人,不畏于天,天人一也,不愧则不畏"的道德修养,开浙东学术治学严正风气之先的宋代鸿儒王应麟。

如视民为天下之元气,倡导"君得之则治,失之则乱,顺其道则安,逆其道则危"的民本思想,秉正气、重名节、忠贞刚烈、视死如归的明朝大儒方孝孺。

如辨是非、知善恶、致良知,明"理在心中",倡"知行合一",重"学贵实践,不实践无以为学",开创孔孟儒学新境界,冲破"理学"对人性的束缚,精神影响深远的明代大思想家王守仁。

如以"博雅多方之学,融成精洁纯粹之知",倡导经世致用,创建浙东史学,宣传民为国本,反对君主专制的民主主义启蒙思想家黄宗羲。黄宗羲虽为王阳明之后学、刘宗周之门生,其思想影响之大之深之广则超过他的老师。更值得一提的是,他的专著《明夷待访录》对中国民主改革、革命先驱谭嗣同和孙中山等有深刻影响。"明夷"一词见于《易经象传》"明入地中,明夷,君子以莅众,用晦而明"、"外似隐藏,内实明哲"。简言之,"明夷"是指外虽晦暗，却潜藏待启发的光明；"待访录"则是指明识之士准备告示来访者的治世之道。《明夷待访录》的主旨是指出"天下（指人民）为主君为客"。而封建君主专制却将主客关系颠倒了，必须将被颠倒了的主客关系重新倒过来。他对封建专制制度作了全面的批判，并在政治、经济、军事、文教等领域全方位地提出"天下为主君为客"的治国思想，所以大家称黄宗羲为民主主义启蒙思想家。

黄宗羲创立的经世致用，经史当应用于当世的浙东史学，则由他得意门生万斯同在实践中发扬光大。万斯同以布衣身份参与《明史》编纂，"不居纂修之名，隐操总裁之柄"，实践他治史要"录前代之理乱，酌古今之得失，定一代之规模，建万世之长策，以承天心而拯斯民"，史为国用的历史观。

黄宗羲的后学，清代大学问家全祖望是浙东学术、浙东史学的集大成者，他认为为学要"以学道、爱人为先务"，要立身有学术，立朝有气概，为官有惠政。李绂说他是"继王应麟、黄震之后浙东又一大才"。

以上所述只略举大端，要深入全面了解，就请读《璀璨的文化星空——浙东学术文化名人》全书。总之，浙东学术在中国学术文化史上处于显著地位，早期的"四明学派"，中期的"姚江学派"，后期的"浙东史学派"，都有其一定的历史影响。从四明心学开始，到王阳明的"知行合一"，发展到黄宗羲的"经世致用"，由心学向实学转化，是浙东学术文化十分明显的特征，可以作进一步研究。我们高兴地读了潘起造、虞浩旭、张如安、徐定宝等专家分工撰写的《浙东学术文化名人》后，再次认识到由"心学"向"实学"转化的浙东学术文化的文脉。本书不仅是介绍浙东学术文化的普及读物，而且可以被视作"浙东学术文化发展简史"。为之，我更期待在这本"简史"的基础上,组织更多专家、用更大力气、做更深研究,编纂出一部新的"学案"——有影响力的《浙东学术文化发展史》。浙东学术文化有许多合理的内核,可以为建设中国特色社会主义和谐文化所吸纳。"诚信、务实、开放、创新"的宁波精神既是伟大的时代精神的体现,也是宁波人在物质文明、精神文明建设的历史长河中所凝聚的精神力量的提炼,其中也包含着浙东学术文化精神,如果我们能使全体市民都了解浙东学术文化及其代表人物的精神实践,更自觉意识到宁波精神的内涵,对建设中国特色社会主义的新宁波是十分有利的。这里我还想重复一句前面说过的话:我们不但要以先辈开创的文化大业为荣,更要以我们这一代人创造的文化大业的新辉煌为荣!

《姚燮研究》序

姚燮（1805—1864），字梅伯，号复庄，宁波北仑人，是杰出的诗人、著名的学者、卓越的画家，中国近代文化史上的全才。他博览群籍，学富才高，精通诗词戏曲、传奇小说、经史地理，并涉及佛典道藏，著作等身，见识超俗。

他作诗万余首，现存三千七百余首，有《复庄诗问》32卷传世；著有《疏影楼词》《续疏影楼词》共8卷；《今乐考证》5卷、《今乐府选》192册；《复庄骈俪文榷》8卷；编《蛟川诗系》31卷；评点《红楼梦》，并撰有《读〈红楼梦〉纲领》；舆地志《四明它山图经》等。以上所录只记其大端，其余篇目则不胜枚举。姚燮又是书画名家，除了仕女花鸟外，一生画梅三千余幅，以画寄兴，笔触潇洒，骨力清峻，自成一格，画如其人，故称梅伯。历代名家对姚燮诗文书画评价甚高：《清史·文苑传》称姚燮诗文"苍凉抑塞，逼近少陵（杜甫），骈体文亦沉博绝丽"；王韬论姚燮书画"工画梅，兴酣落墨，媚态横生，人物、花卉无不奇特，字尤古峭拔俗……"；《中国大百科全书·中国文学卷》记姚燮"文学上有多方成就……对当时民族矛盾、社会矛盾都有深切感受，但仕途蹭蹬，怀抱不伸，因而心中积郁皆发之于诗文。艺术上追求'独得独到'，总体风貌'气骨雄健，思力沉着，情韵婉转'。骈文'得汉魏气势，有六朝情韵'"；当代著名学者钱仲联称他为"当时学林艺苑中的一位巨匠"。但令我辈深感遗憾的是，这位名声赫赫的文化名人，在他家乡却鲜为人知，实有愧于先贤。

北仑、镇海两区政协有鉴于此，专门组织"姚燮文学艺术成就研讨会"，邀请专家学者及家乡人士四十余人与会。会上宣讲论文三十余篇，对姚燮成就作全方位的研讨，大家各抒己见，议论深刻，本人受教之余，也谈几点感想。

1. 学识渊博，才华出众。姚燮所学遍及整个文化领域，而且都能融会贯通，左右逢源。所作文章虽然风姿各异，但是气同一脉，风格独标，"因其独到心，著其独到辞"。姚燮的独创精神非常突出，以诗与画为例，"诗画本一律，天工与清新"，姚燮也和王摩诘一样"诗中有画，画中有诗"。如姚燮的《续疏影楼词》"以牢骚落度之意，寄诸幽馨顽艳之中"，以丽词来浇其胸中之块垒。他画梅逾千，幅幅皆作"百屈不肯做直势"的姿态，表示"晚节寒香共古今"的品质。梅伯的词和画都表露"疏影横斜水清浅"的清高和独立精神。因为他知识渊博，所以他文思如泉，佳作如林；因为他才华出众，故有"发人所未发，言人所未言"的独创精神。

2. 文随世变，笔力雄健。姚燮于嘉庆十年（1805）出生，同治三年（1864）逝世，历经嘉庆、道光、咸丰、同治四个朝代，其间又经历了鸦片战争，是中国最后一个封建王朝由强转弱、由兴而衰，面临彻底崩溃的前夕。清廷腐败、国势积弱、内忧外患、民不聊生，姚燮身历其境，对这一历史巨变中的世态人情感受深刻，在诗文中有深刻的反映。在姚燮早负才名、少年得志时，他的诗文笔绪悠闲，词采绚丽，倾心"性灵"，讲究"牌韵"，多描山绘水、吟风弄月之作。后来他仕途受阻、抱负难展、家境困乏、精神沉郁时，一变早年名士心态，同时也厌弃其"性灵派"诗风，创作了大量刺斥清朝政府、同情民间疾苦、富有正义感的诗篇。鸦片战争后目睹清廷腐败、英军残暴、百姓受苦，他义愤填膺，诗风更趋悲愤激烈，写下许多反帝爱民的著名诗篇。他文随世变，笔力雄健，这个时期的诗篇可称为浙东军民抗英斗争的史诗。

3. 真知灼见，学林大师。姚燮不仅是浙东文坛巨子、艺苑大匠，同时也是学林大师。他以过人的精力，一破中国戏曲研究几百年的沉寂，一举推出《今乐考证》《今乐府选》两部中国戏曲史的扛鼎之作。著名学者郑振铎称他为"网罗古今一切戏曲于一书，自古到今还不曾有过第二人"。他的《红楼梦》评点和《读〈红楼梦〉纲领》，赞曹雪芹"以涵古盖今之才，撰空前绝后之书"。他是第一位高度评价曹雪芹的人，他的观点历来为《红楼梦》研究者所重视。在生命的最后年月，他以残年余力撰《蛟川诗系》31卷，选录自隋唐至清嘉庆、道光年间镇海诗人345家，为建设乡邦文献作出贡献。《蛟川诗系》与李邺嗣的《甬上耆旧诗》堪称浙东诗坛的双璧。鸦片战争期间，他避居鄞江桥，生活十分艰苦，尚以孱弱之躯和朱立淇一起踏勘四明它山地形，作《四明它山图经》，详细记录它山地区的地脉、山貌、水势……是很有价值的舆地志。他每时每刻，每到一地都想为家乡人民做有益的事情，写有用的诗文，"鞠躬尽瘁，死而后已"。知哉姚燮！仁哉姚燮！姚燮是近代浙东文化的重要代表，我们不仅要纪念他，更要深入研究他。

北仑区政协主席张嘉梁同志一贯重视地区文化建设，这次他和镇海、北仑两区政协同志精心组织"姚燮文学艺术成就研讨会",并准备将论文结集出版,精神令人感动,嘱我作序,我不揣浅陋,就以此代序吧。

《〈论语〉解读》序

孔子是辉煌的中华古文化之集大成者，是伟大的思想家、政治家、教育家。他那以"仁"为核心的哲学观，仁义、忠恕、孝悌、诚信的道德伦理思想；他那"为政以德"，"敬事而信，节用而爱人，使民以时"，"惠而不费"，"因民之所利而利之"，"劳而不怨，欲而不贪，威而不猛"，"己欲立而立人，己欲达而达人"的政治思想；他那"学而不厌，诲人不倦"的教育精神，"敏而好学，不耻下问"的学习态度，"文、行、忠、信"的教育内容，"不愤不启，不悱不发"，"举一反三"，因材施教的教育方法；以及他"居处恭，执事敬，与人忠"的行为规范……都是十分宝贵的民族文化遗产，是我们应当珍惜的精神财富。

孔子的思想、言论、行事，比较集中地反映在《论语》这部书中。《论语》记录着孔子和他弟子们的言行，也可以说是孔子和孔门学者的言论集。《论语》二十篇，不是一时之作，也不是出于一人之手，而是孔子在不同时间、不同地点、不同事件中因材施教，因事立言，因义传道，由他弟子记录整理的文献。《汉书·艺文志》

记,《论语》是"孔子应答弟子、时人及弟子相与言而接闻于夫子之语",孔子卒后由门人纂辑而成的书。据唐文学家柳宗元推论,《论语》由孔子门生曾参的学生所编定。宋理学家程颐则认为,"《论语》之书,成于有子(有若)曾子(曾参)之门人"。他的根据是《论语》所列许多孔子门人都不称子,独对有若和曾参称子,这是有子、曾子的学生对他们老师的尊重,所以断言《论语》书成于有子、曾子的门人。班固、柳宗元、程颐等人的看法,大同小异,为多数学者赞同。

《论语》是儒家的经典,思想精微,内容丰富而又言简意赅,后人读《论语》须通过注释、训解,才能了解其深刻含义,所以历代都出过许多讲解、注释《论语》的书。据不完全统计,自汉至今关于《论语》的书不下三千余种,其中影响最大的是宋代朱熹的《〈论语〉集注》,后来这本书成为明清科举考试应试者必读之书,许多读书人都是通过朱熹的集注来理解《论语》的。朱熹这本集注基本上符合孔子思想,但也有许多地方掺杂了宋理学的客观唯心主义思想,有不少维护封建统治思想的迂腐之论。封建时期的注疏家为维护封建统治者利益,往往借孔子之名来宣扬封建统治思想,他们一面将孔子抬高到"至圣先师"的高位,一面却任意篡改孔子思想来欺世惑众。正如匡亚明先生所言:"各时代起作用的孔子思想,一般是经御用后儒改造过的假孔学或半真半假的孔学,因此把它的反动作用全部推在孔子身上是不恰当的……"(见《孔子》第十章)他提醒我们阅读《论语》要独立思考,尽可能了解孔子学说的本义。

我认为顾鸿安同志的《〈论语〉解读》是一部有特色的《论语》读本,乐于向读者介绍。顾鸿安的《〈论语〉解读》特点有三:

第一，顾鸿安同志是位勤奋的学者，他博览群籍，参阅了许多关于《论语》传训注释及有关孔子思想研究的书，从比较研究中，分析、提炼、吸纳他认为恰当又能为当代读者接受的注疏，运用浅显、明白的语言来表述，因此他的注释易懂易记。

第二，顾鸿安同志从事教育工作多年，熟悉读者的接受心理，为使初学者能读懂解透，对每节语录都分三个层次作递进式的说明：一是"注释"，将生字难句一一注释，解除读者的文字障碍；二是"今译"，每一节将古文译成白话文，使读者能理清全句内容；三是"点评"，将每一节文字的义理作有重点的评析，其中也掺入了他本人的认识感想，这样做对古汉语比较生疏的读者很有帮助。

第三，点评是《〈论语〉解读》中用力勤、难度大的部分，也是这本书最有特色的地方。点评既要点出古义，又要译出新意，也就是使这部古典著作所蕴含的哲理、箴言、嘉义能古为今用，借古鉴今，给今天的读者新的启发。顾鸿安同志在这上面费了不少心血，有许多点评既中肯，又有启示作用。例如对《里仁》篇"子曰：'苟志于仁矣，无恶也'"的点评为："一个人能立志行仁，内心就会有一股向善的自律力量，一旦有坏思想，这股向善的自律力量会使人弃恶从善。有志于仁者不是说不做错事，而是有了过错能自觉改正。"这样的点评，联系实际比较自然，看了使人受用。虽感到有些点评引申过繁，联系实际亦嫌牵强，可说是白璧之瑕，但是瑕不掩瑜，他的点评能启发读者的思考，对读者是有帮助的。

《〈论语〉解读》即将由作家出版社出版，顾鸿安同志为弘扬民族优秀的传统文化做了件有意义的事，乐于为序。

二〇〇四年十月

《海上茶路与东亚文化研究文集》序

《海上茶路与东亚文化研究文集》是一本有意义的书,提出了有研究价值的课题。"海上茶路"虽然不能和"丝绸之路"相提并论,但就其历史意义来说,同样是不能忽视的。"丝绸之路"有南、北、中三路,总长7000多公里,是中国古代贯通欧亚大陆的商路,也是中华文化与印度文化、希腊文化、波斯文化交流之路,影响十分深远。"海上茶路"是中国东南沿海通向东亚各国的海上商路,也曾有人称之为"海上丝绸之路"。本书所指的"海上茶路"则是单指由明州港始发由海上至日本、高丽(朝鲜、韩国的古称)等东亚诸国,以茶和瓷器为大宗贸易的海上商路。因茶和文化生活有密切关系,随着茶的输出,必然会产生由茶而派生的文化影响,因此学者们概称这条海上之路为"海上茶路"。他们考证了"海上茶路"形成的历史过程以及茶与宗教、文化生活的关系,拓宽了茶文化研究的视野,为进一步深入开展"海上茶路"和茶文化研究奠定了基础。有几位专家在论文中提出,日本高僧来华学法回国时,将中国茶栽培技术和茶文化带到日本,形成日本"茶禅一味"的茶道文化。我们认为这是一个值得深入研究的课题。

探溯茶文化之源，当始自儒家而非释家。儒家重礼，许多礼仪活动都以茶为先，敬天献茶，尊祖供茶，迎宾待茶，婚丧喜庆无不以茶礼为先。《礼记》有"玄酒在室，醴盏在户，粢醍在堂，澄酒在下"的记载，所谓"玄酒"实为白水，"太古本无酒，以水行礼，故后世因谓水为玄酒，不忘本者，思礼之所由起也"。古之玄酒（白水）实等于今人之茶，人们常说"以茶代酒"表示敬意，茶含有敬的意思，所以说茶文化之源起自儒家。佛教最早以"四谛"（苦、集、灭、道）传教，教人解脱烦恼，脱离苦海，"离苦得乐"，而僧人自身生活十分清苦，随身之物仅一衣一钵而已，自然不会去讲究喝茶。印度佛教在东汉明帝时传入中国，开始不适应中国文化，与本土文化有段摩擦与适应的过程。经过魏晋南北朝，佛教文化与儒、道文化相斥相济，吸入了《周易》的通变哲学、孔子的道德思想、老子的"无为无不为"观念，逐渐与中华文化相融合，产生了中国化的佛教宗派。如宣扬假中空"三谛圆融"的天台宗；如以净心常念"南无阿弥陀佛"佛号，向往"极乐世界"的净土宗；如主张不立文字，以心印心，"明心见性"的禅宗等。虽然他们都十分虔诚地尊奉佛祖释迦牟尼，但他们都是融合了中国精神文化，形成本土化的中国佛教，与此同时也派生出适应中国佛教徒生活的茶文化。流传到日、韩等国的茶文化，就是由中国式的佛茶文化开始的。最早将中国茶文化传到日本的高僧都是天台宗和禅宗的大德。如最澄，是天台宗的传人，日本天台宗的创始人；如空海，是著名的学问僧，法号遍照金刚，不仅精通佛理，同时对中国古代文化也有精深研究，他所著的《文镜秘府》是研究唐诗和唐代诗论的经典著作，对中日文化交流做出过重大贡献；如荣西，是日本临济宗的创始人，他先在天台山学法，后又师从明州天童寺虚庵怀敞上人，对《茶经》颇有研究，著有《吃茶养生记》，被誉为日本的茶祖；如道元，师事天童寺如净禅师，在天童修禅三年，回日本创建永平寺，是日本曹洞宗祖师，并传天童茶礼于日本。除他们外，还有多位日本法师来华学法，回国传中国佛教义理的同时，也带去了含有中华传统文化精神的茶文化。当代日本茶道提倡的"和、敬、清、寂"四规，仔细研究便可觉察其中就融会了"礼之用，和为贵"，"致虚极，守静笃"，"见性是功，平等是德"，"内心谦和是功，外行于礼是德"，集儒、道、禅诸家文化于一体的茶文化，是中日文化交流密切的明证。

宁波连续几年举办了"中国宁波国际茶文化节"，有力地促进了茶产业的发展和茶文化研究的深化。第四届"中国宁波国际茶文化节"又专门举行了"海上茶路与东亚茶文化研究论坛"，有多位国内专家和对茶文化有专门研究的日、韩等国友人，在论坛上作了精辟发言，开展学术交流，对海上茶路和国际茶文化交流作了历史性的考证，举了许多实例，提出了有说服力的论证。现在宁波茶文化促进会将发言和专论汇集成册，这必将对茶产业的发展和国际茶文化研究的深化产生积极的影响。这是一本有意义的书，乐于为序。

二〇〇八年八月二十五日

《寻绎慈溪文化之源流》序

近年来,地域文化研究取得了令人瞩目的成就,一批研究成果陆续出版,引起文化学术界重视,受到广大爱好者欢迎。地域文化是民族文化的分支,地域文化离不开民族文化的主流,而民族文化也必然包容着广大的地域文化,地域文化是博大精深的中华文化的有机组成。在中国先进文化前进方向的指引下,深化地域文化研究,吐故纳新,为中华民族伟大复兴做出贡献,是广大文化工作者的光荣职责。

我们高兴地看到在地域文化研究队伍中,有一股不容忽视的力量,他们大多是在教育、文化和机关岗位工作多年的饱学之士,到了离退休年龄从第一线退下来了,但他们热爱祖国、报效桑梓的拳拳之心更加坚定。他们有丰富的知识积累,了解地方的历史掌故、风土人情,并在多年的工作实践中磨炼出一股坚韧的工作精神和严谨的思维方法。他们中不少人都乐于参加地方文献整理和地域文化研究,有的已是造诣很深、学有专长的专家。本书作者周乃复同志就是一位很出色的地域文化研究的专家,他历任

《宁波市志》《慈溪县志》《慈溪市图志》副主编，眼前这本《寻绎慈溪文化之源流》就是他研究慈溪历史文化的成果之一。

《寻绎慈溪文化之源流》有浓郁的乡土气息，有厚重的桑梓情怀，有较高的学术价值。书中《在涛声浪影中成长的慈溪文化》《徐福篇》《越窑篇》三组文章，考证翔实，分析细致，阐述清晰，学术性较高。《在涛声浪影中成长的慈溪文化》对慈溪文化作了全面的探索，尤其揭示了"海洋文化在慈溪历史文化中源远流长，举足轻重"、"慈溪历史文化有浓厚的移民文化特征"，这是慈溪地域文化的两大特色，很有说服力，不论从历史上去考察，还是从现状中来检验，都是站得住脚的，可作慈溪现代文化建设的参考，也有助于说明慈溪市场经济的萌芽为什么能先于周边地区。

《徐福篇》是一组言之有据、论之成理、能自圆其说的考证文章。关于徐福东渡的传说，事出有因，史书有记，当然不是子虚乌有之说。但神龙见首不见尾，《史记》也语焉不详，难免使人感到高不可攀、深不见底，充满神异色彩。徐福携五百童男童女出海东渡之事，两千年来一直为人们所关注，因为这是华夏文明对东瀛扶桑岛国的历史影响之大事，主题是严肃的，能说清本末，可以澄清一些模糊认识。20世纪80年代，随着中国徐福故里和日本吉野里遗址的发现，中、日两国掀起了徐福研究的热潮，引起大家对徐福其人、徐福故里、徐福出海处、徐福到日本后的落脚点和活动情况考证的兴趣。几年前在慈溪达蓬山发现了徐福东渡出海处的遗迹，慈溪人认为"达蓬山是徐福成功东渡起航地"，这一发现引起专家学者极大关注。为了证实慈溪达蓬山确是徐福东渡起航地，慈溪市领导和有关人士做了大量工作，周乃复同志亦为此花了大力气，深入现场进行实地考察，广采博取搜集有关徐福的文献资料，并作周密的比较分析，写出考证论文《徐福篇》。如果结论是科学的，这对徐福的历史研究和发展慈溪旅游事业都很有价值。

《越窑篇》是作者的用心之作，也是本书中分量最重的一组文字。慈溪上林湖越窑遗址是全国文物保护单位，是中国古代陶瓷高水平生产力的历史记录，是慈溪的光荣。上林湖越窑自唐肇始，历五代、两宋，有漫长的生产史，其间不知有多少大匠高手制造出难以计数的青瓷和极其宝贵的青瓷珍品。正像作者所言，在遗址上随处可见的一片小小的瓷片，"也凝聚着中华文化的精髓"。《越窑篇》对越窑产生、发展的历史，对越窑分布的地区，作了翔实可信的考证和记述；对越窑青瓷日臻完善的工艺技术，作了细致的叙述；对越窑青瓷的胎坯、造型、纹饰、色彩作了富于感染力的描绘，尤其是对越窑生产"类冰似玉"、"千峰翠色"的"秘色瓷"的说明，令人信服。他用唐诗人陆龟蒙"九秋风露越窑开，夺得千峰翠色来"，皮日休"圆似月魂堕，轻如云魄起"，徐寅"巧剜明月染春水，轻旋薄冰盛绿云"等精美诗句，将秘色瓷的形、神、色，惟妙惟肖地表达出来了。"秘色瓷"的精妙就在青瓷的彩釉上，这种彩釉给人以"类冰似玉"、"千峰翠色"的观感和触觉。周乃复的《越窑篇》是一组立论严谨的学术论文，也可作技艺和诗意相融会的美文来读。

《寻绎慈溪文化之源流》中的《人物篇》《景物篇》对慈溪人物和景物的描述、阐发，既有地方特色又有普遍意义，人物是有较大社会影响的人物，景物是融人文景观和自然景观于一体的地方风光。周乃复对慈溪地域文化的一幅幅素描，虽不能概括慈溪人、地、物全貌，但也可窥一斑而见全豹了。书中每一节文字都是作者对他的第二故乡爱心的流露。

序文宜短,有些感受就不多涉笔了,希望读者能细读全书。

二〇〇一年八月

《宁波帮研究》序

宁波人素以善于经商闻名于世。俗话有"无宁不成市",意思是说凡是经济发达的地方都有宁波人在经营工商业。因为宁波在外地从事工商业的人多,而且经营得法,有较扎实的经济基础,同时,宁波人又比较看重乡情乡谊,宁波人帮宁波人,互相帮衬,相互依托,这就大大地增强了宁波工商业者的实力地位。于是外省人将善于经营、又有一定经济实力的宁波人合在一起,称之为"宁波帮"。"宁波帮"和"山西帮"、"安徽帮"、"潮州帮"、"福建帮"等一样,成为我国工商经济发展史上著名的商帮。19世纪以来,各地的商帮都有起有落,唯有"宁波帮"却历久不衰,而且越到近代,"宁波帮"的声誉越隆,尤其在港台等地,宁波实业家的经营才能、经济实力、社会地位,是小有名气的。

宁波人既以善于经商闻名,人们就简单地将宁波人的才干归纳为"会做生意"。其实这样来看宁波人的聪明才智是不全面的。宁波实业家的创业和开拓精神来自他们审时度势、观察局势的敏锐,勤于进取、敢于冒险的勇气,克勤克俭、求实务本的干练和见微知著、随机应变的手腕。以上多种素质交融一体，才形成宁波实业家的才智和本领。为此，我们认为宁波人的才能与宁波的历史文化传统有一定关系。

早在新石器时代，河姆渡人就显示了他们非常的智慧，在古文化遗址中，河姆渡遗址属于先进的序列。远在公元前10世纪，宁波就是造船和海运基地。《逸周书》记，"成王时，于越献舟"，周成王时越地就有船只输贡。《慎子》记载，"行海者，坐而至越，有舟故也"，意思是说在海上可以坐着行进到宁波，是因为有了船的缘故。据张道渊考证，"于越所献之舟"，"当造于今宁波市"，他还认为，"《慎子》所记，为宁波市航海之最古记录……宁波市实为中国造船之发轫地也"。（文载1933年《国风》三卷9期《宁波市在国际通商史上之地位》）在唐代，"海外杂国贾舶交至"（宝庆《四明志》），宁波海外贸易相当发达，各国商船都到宁波来进行贸易。在宋代，《宋史·神宗纪》记载，宋神宗元丰年间，曾在明州造两艘巨舰，"一曰灵虚致远安济，次曰灵飞顺济，皆名为神舟"；此外还造有"万斛船"，在当时可算是世界上吨位最大的海船。在元代庆元年间，宁波是重要的海运外贸港和军港。以上记载都说明宁波海上开发是很早的。

北宋王安石任鄞县县令时，试行局部改革，宁波人就比较注意如何改善自家的经济和文化生活。南宋时有"心学"大师杨简等人聚集在月湖讲学，宣扬的虽是陆象山的主观唯心主义哲学，但他们要求道德、人格的自我完善，在读书人中起过较好的作用。现在宁波人中间还流行"做人凭良心"的常用语，这不能说"心学"对此没有一点影响。明代，姚江王守仁（阳明）倡"致良知"学说，他说"知善知恶，是谓良知，为善去恶，是谓格物"，要求人们以反求自身的修养方法来完善自己。同时他还提出"知行合一",认为"知是行之始,行是知之成",主张"知行并进"。王阳明思想对讲究实际、善于经营、看重商业信誉的宁波人是有一定影响的。清初有名的思想家黄宗羲提出"工商皆本"、"经世致用"的唯物主义观点,更直接影响了近代宁波实业家重视工商业的思想。鸦片战争后,宁波为"五口通商"口岸之一,传统的宁波文化发生了较大的变异,产生了许多消极因素,但同时也输入了近代科学知识,宁波外出经商的人多了,在国内外一些大商埠中逐步形成了"宁波帮"。新兴的民族资产阶级热心办学,培养为商业服务的人才,反映了资本主义商业经济的要求。宁波实业家捐资在家乡办学是有传统的,这也是近代宁波文化的一个特点。

我们研究"宁波帮",要以更广泛的范围、更多面的视角,来探索"宁波帮"的历史、现状和发展的趋势,从而在理论上加深对动员全世界"宁波帮"来建设宁波的深远意义的认识。

发动"宁波帮"来建设宁波,从广义上说,孙中山先生早在1916年已提出来了。1916年8月孙中山在宁波作了一次有历史意义的演讲,他说:"宁波风气之开,在各省之先。将来整顿有方,自可为各省之模范,以地位、人才,均具此项资格。"同时,他在"振兴实业"、"讲求水利"、"整顿市政"三个方面提出了设想。讲到振兴实业时,他说:"宁波地方之实业,非不发达,然其发达多在外埠,鄙见以为发展实业,在内地更为重要。试观外人,其商业发展于外者无不先谋发展于母地,盖根本坚固而后枝叶自茂也。宁波人对工商业之经验,本不浅薄,而甬江有此良港,运输便利,不独可将商品运输于外洋,若悉心研究,力加扩充,则母地实业既日臻发达,而甬人之营业于外者,自无不随母地而益形发展。"孙先生是有远见的,这些话,当时只是一种美好的设想,而在今天却是有现实意义的。

邓小平同志在设计中国的改革开放和现代化建设的总蓝图时,十分关心沿海地区的发展,专门提出"把全世界的'宁波帮'都动员起来建设宁波"的号召。这是他高度重视世界各地"宁波帮"的作用,看到宁波具有建设成为现代化港口城市的条件,才发出这个号召的。现在宁波市人民在党和政府领导下,正在为实践这一号召而努力,在海外的宁波籍人士也十分关心家乡的建设,因此对"宁波帮"作一专门研究是十分必要的。眼前这方面需要研究的课题很多,例如关于"宁波帮"的历史、现状和发展趋向及"宁波帮"与中国经济发展的关系等等问题的研究都有待进一步深入。对"宁波帮"真正能作出有价值的研究,则有赖于关心于此的海内外学者、专家来共襄其成。

一九八八年十二月

《宁波帮经营理念研究》序

"宁波帮"是中国近代商贸史上的重要商帮之一,有悠久的历史,在近代、现代、当代的商贸活动中出过不少有影响的人物,他们创造了令人瞩目的业绩,有很高的商业智慧。"宁波帮"是很有文化特性的商帮,它的文化特性可以概括为:一、机智灵活、克勤克俭、勇于开拓进取的创业精神;二、重乡情乡谊、兼爱互利、团结互助的乡帮协作精神;三、在长期的经贸活动实践中形成的讲实际、求实惠、谋实利的务本求实精神。"宁波帮"的商贸文化与尊德性、立诚信、致良知、崇实践,知行合一、经世致用、工商皆本的浙东学术思想基本合拍。我们认为要进一步研究"宁波帮"精神,首先要从"宁波帮"讲信用、重声誉的商业道德和审时度势、把握商机、开拓创业的经营理念两方面入题。"宁波帮"代表人士事业的成功与他们善于将传统的商业道德和精于谋划的商业智慧结合起来,形成适应形势发展的经营理念是分不开的。我们高兴地看到一部专门研究"宁波帮"经营理念的专著问世了,为这本专著的出版祝贺。

《宁波帮经营理念研究》由乐承耀教授等所著,是一部有特色的"宁波帮"研究专著。一、它从时空上拓宽了"宁波帮"人物研究的范畴,从近代、现代的"宁波帮"研究延伸到当代事业有成的宁波籍人士研究,书中阐述的不仅有上几辈"宁波帮"代表人士,还有新近的宁波籍著名人物,如被美国《福布斯》杂志列为2003年中国首富的"网络奇才"丁磊(本书也作了出色的介绍)。从横向看,本书所推崇的人物已由商界扩充到文教科技等行业的精英,研究面拓宽了。二、本书的作者在充分运用"宁波帮"研究已有成果的基础上,又搜集发掘了许多新的资料和生动的实例,材料丰富,论述有据,是一部可信度较高的读物。三、"宁波帮"人士聪明、精明、开明,他们的智慧和经营理念是"宁波帮"之所以成为"宁波帮"的重要特征,加深这方面研究对促进宁波的经济和文化发展有现实意义。《宁波帮经营理念研究》从市场观、创新观、开放观、人才观、诚信观诸方面来阐释"宁波帮"的经营理念,既全面又深入,可以说是一笔可贵的无形资产,应当珍惜。

孙中山先生早在1916年就说过:"宁波人对工商业之经验,本不浅薄,而甬江有此良港,运输便利,不独可将商品运输于外洋,若悉心研究,力加扩充,则母地实业既日臻发达,而甬人之营业于外者,自无不随母地而益形发展。"孙先生是明智的。为之我们更要全面而深刻地领会、实践邓小平同志"把全世界的'宁波帮'都动员起来建设宁波"的指示精神,把宁波建设得更美好,同时也要使"宁波帮"精神与时俱进,得到更好的发扬。

《宁波帮经营理念研究》将由宁波出版社出版,乐承耀教授约我作序,乐于从命。

二〇〇四年五月二十日

《宁波历代文选·散文卷》序

在中国的地理版图上，宁波只是东南沿海的小小一隅，但在中国的文化版图上，宁波却有着近两千年的悠久文脉，有着独特而崇高的文化地位。唐之虞世南，宋之楼钥、王应麟、舒亶、吴文英，元之戴表元、袁桷、张可久、高则诚，明之屠隆、张煌言、黄宗羲，清之全祖望、李邺嗣、姚燮，直至近代张寿镛、陈汉章等，可谓人文荟萃，俊彦辈出，一部中国文化史，宁波的历代文人留下了不朽的篇章。

如此悠远的尚文传统，如今却出现了令人惋惜的淡化的趋势，不仅年轻一代对这些曾经光耀古今的名篇华章颇为陌生，即便是专业的文化界人士，有的也对宁波文献缺乏足够的认识。以致外人但知宁波人以善于经商闻名，却不知四明文脉代有传承。有鉴于此，宁波市文联着眼于整合宁波本土传统文化资源，为当下文艺创作提供参照和坐标，于2010年初起就策划、启动了选编荟萃宁波历代名家名篇的文学性读本《宁波历代文选》这一工程，李浙杭同志就这一编纂工程多次和我及其他编委同志商讨，于今，装帧精美的《宁波历代文选·散文卷》已奉至读者面前。

宁波历代文献浩如烟海，市文联在策划《文选》之初就把编选范围划定在宁波（今行政区划大市范围内）历代名家名篇及曾在宁波任职、游历、造访的外地名人所作的有关宁波的文章，把入选篇章的时间下限划到民国，并明确这是一本思想性、艺术性和地域文化特色三者并重的文学性读本，入选篇章为散文及赋体散文，不包括韵文（诗词、曲等）。古时凡不属于韵文、骈文的文字皆称散文，散文的涉及面很广，举凡论理、纪实、抒情、叙事等篇章都归类于散文。所以《宁波历代文选·散文卷》虽以优美动人的文学性散文为主，也选有不少文采斐然的史传散文、哲理散文，及文辞精炼的纪实散文，因此这部散文选，在一定程度上可视作反映宁波不同时代之人、情、物的历史文献，可以作为了解宁波历史的补充读物，有利于读者深化对宁波传统文化的认识，感受四明文化的感染力，从而增强对家乡的爱心。全书自六朝虞翻的《对王府君》始，历唐、宋、元、明、清诸朝，迄于民国张寿镛、杨翰芳等，凡226篇，可谓华章纷呈，琳琅满目，一册在手，既可览历代山川人物、明月清风，又可阅人间百度沧桑、书生智慧，烛照古今，读者诸君在鉴赏文学先辈的卓越成就的同时，更会油然而生"高山仰止"之感，这正印证了前人的"四明文运代不泯"之论。

担纲本书主编的张如安教授，在大学教授《中国文学史》《宋词研究》等课程，于浙东文化研究用力尤勤，近年来有专著《浙东文史论丛》《汉宋宁波文学史》《元代宁波文学史》等行世，成果斐然。如安同志以无比的热情扑在了这项选注工作上，苦中作乐，辛勤爬梳，当他掸落满身历史的烟尘，捧着这部书稿出现在我们面前，曾经有过的宁波文学的繁盛景观已如海中冰山浮现。

（本文收入本书时有删节）

《宁波历代文选·诗词曲卷》序

"诗言志",一个时代的诗,反映一个时代诗人的思想感情,展示一个时代诗人的文采、才华。同时,诗人的文约、辞美、义深、意广,又可以让人了解这个时代人们的精神状态,所以历代的智者都很重视诗集的编纂。

四明大地,文采风流。2010年编选出版的《宁波历代文选·散文卷》,荟萃了六朝至民国宁波历代名家散文名作数百篇,为宁波的文化强市建设提供了丰富的历史文化资源,善莫大焉。这次《宁波历代文选·诗词曲卷》的出版于文化人,继往开来,是又一件有意义的事。

自有文献记载以来,四明诗人之众,诗集之繁,指不胜屈,优秀之作,琳琅满目。但是由于时代的推移,四明诗人作品时有散佚。搜辑前人遗诗是四明学者秉持的优良传统,其中李邺嗣和胡文学的《甬上耆旧诗》、全祖望的《续甬上耆旧诗》是最具分量的两部地方诗歌选辑,但其地域范围则主要限于"甬上"一隅。近代董沛的《四明清诗略》和忻江明的《四明清诗略》,已然是断代的一郡诗歌之汇总，为后人的研究带来了极大的方便。上世纪90年代，由宁波诗社编纂的《宁波耆旧诗》，则是第一部按当代宁波行政区划编选的大型诗歌选集，确实起到了保存桑梓文化于万一、启迪来者的作用。宁波市文联在前贤劳动的基础上，继续深化这一项功在当代、利在千秋的文化工程，体现了宁波有关领导的远见卓识和历史担当。

"四明固诗窟也！"这是清人董沛在《四明诗干》题辞中的一声赞叹。诗与文，如鸟之两翼，使宁波在中国文化的天空中舞出了特别的轨迹，特别的韵律。本卷编选范围，前迄南朝，后至民国，荟萃了历代宁波诗词大家及曾在宁波游历的诗词名家如虞世南、李白、方干、皮日休、施肩吾、陆龟蒙、林逋、王应麟、吴文英、方孝孺、王阳明、沈明臣、屠隆、朱之瑜、黄宗羲、张煌言、万斯同、全祖望、姚燮、徐时栋等的名篇佳作。其间，既有对山光水色的眷恋，灯影桨声的流连，亦不乏空阔自天地、长歌悲独醒之作，也有和美纯情的爱情绝唱，昭示了宁波诗人丰富的情感世界。书中有意选录了大量富有宁波地域特色的佳品，或见田园风味，或有海洋气息，也着意选录了沈光文、黄维煊之记述台湾番社，张斐、王治本之摹写日本风情，虞和钦之描述越南女子的作品，具有别样的异域色彩，反映了四明作家行踪之广阔。尤其是一些歌行体、乐府体的作品，精彩纷呈，其中有反映甬上时事之作，如李邺嗣的《定海县述怀四百字》，通过记叙家难透出清初严酷的政治统治，姚燮的《速速去去五解》、徐时栋的《临高台》等反映了鸦片战争时期的历史风云，董沛的《三月二十六日纪事》则完整地讲述了咸丰年间鄞县南乡张潮清反抗官府征收重赋的重要历史事件，这些都是非常难得的作品。此外如姚燮《双鸩篇》和董沛《双雉篇》堪称长篇爱情诗的双璧,周茂榕的《蛟门新乐府·搬嫁妆》,则为"十里红妆"提供了批判性的写作视角,至如陈得善《捉迷藏》、陈训正《观猴子戏》等,更是独具风趣。

　　文化的创造,是在传承中的创造,积累中的创造,《宁波历代文选·散文卷》和《宁波历代文选·诗词曲卷》的出版,正体现了我市文艺界在文化强市建设中的历史意识、责任意识、大局意识和可持续发展意识,足证四明文脉代有传承,绵绵不绝。

（本文收入本书时有删节）

《宁波历代文选·戏曲卷》序

戏曲属于中国式的音乐剧类型,也是深受宁波人民喜爱的艺术形式。宁波更是历史上戏曲最为盛行的地区之一,积累了丰厚的戏曲文化遗产。现在我们一般都会把宁波的戏曲源头,追溯到南宋时期。

南宋杂剧是从汴京移植过来的,南宋瓦舍勾栏以及杂剧在临安兴盛之后,逐渐向周边地区蔓延,四明的一些城镇也乘势兴建了瓦舍勾栏,以便进行商业化的戏曲表演。据《开庆四明续志》卷七记载,甬城内有"旧瓦子"、"新瓦子"两座。在创作方面,学者们都认为南宋史浩《鄮峰真隐大曲》中的歌舞剧是"曲"向"戏"的推进,已经略具近世戏曲唱念、科白、砌末的雏形。元代是我国戏曲的成熟时期,后期杂剧创作中心由北方转移到杭州,南籍剧作家纷然崛起。据《录鬼簿》记载,庆元人汪勉之由学官历浙东帅府令史,与杭州鲍天佑合作创作了杂剧《曹娥泣江》,此为已知四明籍文人尝试戏曲创作的嚆矢。元末方国珍割据浙东,瑞安人高明旅寓鄞县栎社沈氏楼,创作了著名南戏《琵琶记》,遂成为"南戏中兴之祖"。明代前期,由余姚籍为主的"戏文子弟"异军突起,他们演唱的声腔称为余姚腔,是四明四大声腔之一,在嘉靖、万历年间盛传于江苏、安徽等省。明代的"余姚腔"是否有剧本流传,各家说法不一,但余姚腔的盛传,大大肥沃了四明地区的戏曲文化土壤。晚明时期,宁波戏曲创作进入繁盛时期,涌现了屠隆、周朝俊、叶宪祖、吕天成等一批戏曲名家,在中国戏曲创作史上写下了亮丽的一页。进入清代,宁波文人的戏曲创作势头虽有所减弱,但仍旧出现了不少值得珍视的名家名品。

考查历史文献,宁波文人创作了大量的戏曲作品,但在正统观念的夹击下,大量的剧作未能得到有效传播。明初象山人汤式曾经是御用剧作家,创作了《风月瑞仙亭》《娇红记》两种杂剧,但都没有传世。晚明时期四明曲家成群涌现,创作了众多作品,如鄞县金无垢《呼卢记》、慈溪张从德《纯孝记》、余姚邹逢时《觅莲记》、奉化陈显祖《合珠记》,但都没有传下来。清代鄞县范廷培有《一日观》《三到园》传奇,施英薰有《翰墨缘》传奇、周良劭有《垒块杯》杂剧、慈溪陈存梅有《好逑传》传奇,也都未传世。有的作者创作了很多作品,如沈季彪的《玉亭传奇》七种,至今只字未存。吕天成在其风流短暂的一生中创作了近20种戏曲作品,今仅有《齐东绝倒》杂剧一种流传。即使现存戏曲作品,也大多分散收藏于海内外的图书馆及私人藏家手中,阅读研究殊为不易。

宁波历史上出现过大量诗选、文选,但从来没有诞生过戏曲选本,这是令人遗憾的。宁波市文联在2010、2011年连续两年编选《宁波历代文选·散文卷》《宁波历代文选·诗词曲卷》后,又推出了这部"戏曲卷",第一次把宁波古代戏曲的精粹汇成一编,向读者作系统介绍。这部著作的出版,也标志着这项功在当代、利在千秋的文化工程又增添了新的一族。

　　宁波历代曲家的作品，涉及政治、伦理、社会、宗教等方方面面，或文采斐然，或本色当行，都在当时社会上产生过相当的影响。如高明的《琵琶记》尽管从正面肯定了封建伦理，但通篇展示出来的，却是"全忠全孝"的蔡伯喈和"有贞有烈"的赵五娘的悲剧命运，意蕴深刻，发人深省。在赵五娘、张大公的身上，更是闪烁着中华民族传统美德的光辉。周朝俊《红梅记》将爱情故事和反权奸斗争紧密结合起来，从而大大提高了剧本的思想境界，被誉为"争人权与反暴政的悲歌"。屠隆以"逸才慢世，丽句惊时"，作为骈俪派戏曲作家的代表，其创作的《彩毫记》，将他的怀才不遇、郁郁失志，一肚皮块垒、一肚皮牢骚，都通过李白之口抒发出来，也借李白的形象，将他的抱负、品格、精神熔铸其间，使剧作成为历代读书人命运的一个缩影。《昙花记》是屠隆倾注极大心血创作的一部传奇剧，充满强烈的宗教色彩，主人公木清泰受尽磨难，诚信修道，曾给清初的抗清斗士以精神上的鼓励。清初甬上"六狂生"之一华夏被捕，时倪元楷亦因蓄发，被仇家告密而入狱，两人一起在狱中歌唱屠隆《昙花记》中"木公不肯屈魔鬼"、"锦缠道"诸曲，欢笑彻旦，充分表达了蔑视清廷的英雄气概。吕天成是晚明闻名全国的戏曲批评家，他仅存的杂剧《齐东绝倒》，对被封建统治阶级捧为"圣君"偶像的尧、舜及其周围的"贤臣"予以尖刻讽刺，是明代后期堪与王衡《郁轮袍》、徐复祚《一文钱》并称的优秀讽刺剧。被黄宗羲推为"一代搴旗手"的叶宪祖，是四明戏曲家中留下作品最多的一位，其剧作以"尊情"与"尚真"为创作理念，从不同角度、不同层面充分体现了这一时代的思想光芒。他创作的《易水歌》《骂座记》充满了激越之气。进入清代以后，裘琏的《四韵事》杂剧,借他人之酒杯,浇自己之块垒,是清初文人"写心杂剧"的重要收获。他创作的《女昆仑》,以宋朝的改朝换代,映射明清的易代,发出了"相约共椎秦,有个报韩处"的呐喊,别有一股慷慨豪壮之气。

　　历史上戏曲成就的重要标志,是有鲜明的艺术形象流传下来。在中国戏曲史上,甬地创作的戏曲,塑造了《琵琶记》中的赵五娘,《红梅记》中的李慧娘,《彩毫记》中的李太白等,这些人物形象至今还鲜活地展示在当代的戏曲舞台上,这是值得称道的,也是值得当代剧作家们深入研究的课题。

（本文由宁波市文联、剧协同仁执笔完成,收入本书时有删节）

《唐诗八十首印谱》序

中国是诗的大国,早在两千多年前就有《诗经》及稍后的《楚辞》开创了我国诗的优良传统。进入唐朝(618—907)后,中国诗的发展达到了最成熟、最完善的高峰。唐诗众体兼备,格律完美,富于生气,精神充沛。据文学史记载:自初唐、盛唐到中唐、晚唐,有姓名记录的诗人有三千六百余位,流传的各类诗篇有五万五千余首。历代诗论家归纳唐诗的特征为:气象高,声势大,立意深,情味厚,格律严,辞句美,内容丰富,风格多样。创作内容遍涉边塞军旅、田园山水、国事民生、闺阁幽情、闲适兴趣……题材广泛,情景交融。特别值得提出的是唐代各阶段的杰出诗人如李白、杜甫、王维、白居易、韩愈、柳宗元、杜牧、李商隐等,由于当时的政治、经济、文化、战事等多种原因,促使他们都贴近现实,关心民情,写出了许多影响深远、有历史意义的诗篇。他们的诗一出,就能激起许多人的共鸣,有的诗已融入民间,成为人们触景生情的生活语言,丰富了我国民族语言的词汇。如"国破山河在,城春草木深""春眠不觉晓,处处闻啼鸟""举头望明月,低头思故乡"、"身在异乡为异客,每逢佳节倍思亲"、"欲穷千里目,更上一层楼"、"慈母手中线,游子身上衣"、"离离原上草,一岁一枯荣。野火烧不尽,春风吹又生"、"锄禾日当午,汗滴禾下土。谁知盘中餐,粒粒皆辛苦"……这些意味深长、文辞优美的诗句至今仍被人们传诵不息。所以,唐诗是我国优秀传统文化中的璀璨明珠,值得我们珍爱,并可为当今所用。

宁波茶文化促进会和宁波市城市科学研究会在积极开展茶文化研究、城市科学研究的同时,十分重视弘扬祖国优秀传统文化,先后编辑出版了《茶经印谱》《宁波名胜古迹印谱》《论语选句印谱》《三字经印谱》《千字文印谱》《道德经选句印谱》等著作,这几部著作均由名家高手篆刻,既有应用价值,也有鉴赏、收藏价值。现在,两会又精心选编描绘自然风光、颂扬爱国精神、记述民俗风情、表达高尚情操,而且是人们耳熟能详、读来朗朗上口的唐诗八十首,编纂成《唐诗八十首印谱》。

《唐诗八十首印谱》由奉化青年篆刻家张明独力篆刻并手书诗篇全文。近年来,他刻制和展出的作品受到有关专家和业内人士的好评。《唐诗八十首印谱》的八十方印章,少则二十字(五绝),多则五十六字(七律),还有李白《古朗月行》达六十字,镌刻难度较大,由此可见他的专注和用心。

《唐诗八十首印谱》具有欣赏和收藏价值,同时也有传播优秀历史文化的社会意义,是两会对我市文化建设的又一贡献。

是为序。

二〇一一年十一月

《〈礼记〉选句印谱》序

中华文化隆礼崇道,素有"礼仪之邦"的美誉。《礼记》是一部弘扬中国古代礼仪文化的经典:它阐发了中国古代的礼仪、典章、政事制度及其进行的规范;它展示了中国古代各阶层人们的婚丧喜庆及祭祀活动的仪式程式,以及日常生活中待人接物、应酬交际的行为规范;它论述了中国古代社会有关文化教育、文学艺术、伦理道德、修身养性的哲学内涵;叙述了节令、气象变化的规律和重农务农农耕生产的时序……是一部关于古代文化生活的百科全书。

《礼记》相传由孔子入门弟子和再传弟子及儒家后学分别撰写,西汉时由戴圣编撰成《礼记》四十七篇,东汉郑玄对该书作了校订,并对章句文字作了注解,疑难问题作了诠释,他"博综兼采,择善而从",所注的《礼记》成为通行本。后来东汉末马融搜集遗文,又增补了《学记》《乐记》两篇,使《礼记》扩展为四十九篇。到了南宋,理学家朱熹为了丰富儒家思想,将《礼记》中《大学》《中庸》两篇抽出,与《论语》《孟子》合在一起并称为"四书",将"四书""五经"(《尚书》《易经》《诗经》《春秋》《礼记》)列为儒家必读的经典。

由于年代久远,社会发展,历史变迁,《礼记》中有些内容与今人生活距离越来越远,有些内容不易理解,而且也失去了参考价值,除了专家用于专门研究外,一般读者可以略去不读。而其中有些重要篇目,如《礼运》《学记》《乐记》《大学》《中庸》等篇章,对我们了解历史文化,丰富古典知识,崇尚传统道德,注意文明礼貌,增进身心修养,仍有一定的参考价值,值得重视,《〈礼记〉选句印谱》的选编出版就是为此服务的。

宁波茶文化促进会、宁波市城市科学研究会,继编印出版《茶经印谱》《论语选句印谱》《宁波名胜古迹印谱》《〈三字经〉印谱》《〈千字文〉印谱》《〈道德经〉选句印谱》等系列印谱之后,又推出《〈礼记〉选句印谱》,既可品味研读,又能收藏观赏,喜闻乐见。而对于弘扬中华民族传统文化艺术,加强精神文明建设,也具有积极意义。

《〈礼记〉选句印谱》的出版不仅丰富了《礼记》的版本内容,而且全书三十九方印章,均由九十二岁高龄的宁波籍西泠印社名誉副社长、当代最具影响力的老一辈印家高式熊先生执刀,半月时间内一气呵成,为高式熊先生篆刻艺术之精华,富有鉴赏珍藏价值。

序于二〇一二年八月,时年九十二岁

《赧翁集锦》影印版序

梅调鼎(1839—1906),字友竹,号赧翁,是近代著名书法家。他的字清雅脱俗,神形兼美,风格独具。当代书法大师沙孟海称誉他的书法"不但当时没有人和他抗衡,恐怕清代二百六十年中也没有这样高逸的作品"。梅君毕生执意书法,勤学苦练,早年宗二王(晋代王羲之、王献之),继而勤读唐宋诸大家手笔,晚年则潜力于南北碑文,识其体魄,知其筋脉,得其神气;慧眼独具,匠心独运,博纳众长,自创新意,融婉约与豪放、飘逸与沉雄于一体,相辅相成,别具一格,开创了浙东书风。梅调鼎提出梅氏书法两字诀:一曰"圆",二曰"断","圆""断"两字概括了梅氏书法之精髓。郑学浦先生在《梅开岭上　香飘千里》一文中对此作过解释:"'圆'即是从中锋运行,周转流畅,万毫着力又藏锋纳气。'断'就是意连笔断、貌离神合的笔法。在严谨的结构中,表现出干净利落,跌宕生姿。尤其是这个'断'字,可说是梅派独创。"郑君的解释契合梅氏的原意,故全句摘录,以供参考。梅调鼎自铸新体,卓尔不群,熟而不俗,逸而不浮,威而不野,清而不浅。他的书法能进入化境,是和他的心性修养和文字功力分不开的。

有人认为,从一个人写的字可以推测这个人的性情和性格。这话虽说得过头,但从另一侧面也说明了书法和人的密切关系。人的性格表面上是看不出来的,须通过生活行为、思想感情以及语言态度等方面才能看出来。写字也是一种生活,人会在书法中自然而然地流露出思想感情来,尤其是书法家,往往可以从他写的字读出他为人的品位,书品和人品相联。梅调鼎的书品高,他的人品也高。曾有一个满清官僚说梅调鼎书法"三百年来所无,惜乎布衣,致声名寂寥"。对这种官高民低思想,我们反话一句:如果梅调鼎不是一位清高清白的布衣,能写出清俊清秀的字来吗?如果当年梅调鼎为了考举人,屈从考官所好,放弃自己的书法,而去学写僵化的"馆阁体",即使省试中举,世上可能多了一员趋炎附势的俗吏,却少了一位书香洋溢的大书法家。梅调鼎为书法而放弃仕途,有他这种重人格操守而不阿谀奉承的人品,才会有他骨力坚贞、超凡脱俗的书品。梅调鼎秉性淡泊,少与豪门富家来往,也不愿为达官贵人写字。有一次,同乡严信厚,备酒菜请他去喝酒,同时也备好纸笔,乘他酒兴正浓,严就摊开纸笔,梅即握笔挥洒,写得兴高采烈时,忽见一幅上款题为"少荃公台大人之属"的字,梅调鼎突然察觉,严是李鸿章下属的盐务督办,这幅字是给李鸿章的,忙说"今日写的字有酒气,不好",立即将这幅字撕毁。严信厚兴味索然,但也无可奈何。人说梅调鼎有怪脾气,这就是他的怪处。梅调鼎重节操,轻名利,绝意仕途,在生计困难时只好卖字谋生,但他绝不弯腰求人。有年除夕无钱过节,他作了一首七律道:

年年年底少青铜,惟有今年分外穷。

薪水用残厨灶冷，衣裳典尽箧箱空。

蓬蓬爆竹邻家响，扰扰人言债主荣。

长啸一声过年也，千门万户日瞳瞳。

表达了一家人辛酸之情。有时，他寄食萧寺以求一饱，育王寺住持宗杲知其为人，特请他在育王寺小住，题写匾额，兼理文牍。育王寺天王殿前有三幅石刻楹联，就是梅调鼎的手迹，今已成为珍贵文物。

梅调鼎幼习经书，后又博览群籍，于古书无所不读，虽有学问，但传世著作甚少。有《注韩室诗存》集梅诗百来首，多为感叹生计、抒发性情之作，诗风朴素，感情真挚，读其诗可知其为人。其有影响之作，当推书法集《赧翁集锦》。《赧翁集锦》是在梅调鼎去世后38年，于1943年由梅调鼎生前墨友和亲属筹资自费出版，由李光业和相关亲友广泛搜寻散落各地的梅氏书法作品所集成，其中有幅式条屏、横批、扇面、对联、壶铭、墓志，虽然格式不一，文序不顺，但都是难得一见的梅氏原作。若没有《赧翁集锦》一集传世，则一代书法名家将湮没无闻矣！

二〇一三年五月

《三苑掇英》序

静观三沈（元魁、元发、师白）的书法，墨池佳构，笔林清韵，令人久读不厌，感受颇深。现将感受写出，以此代序。

自古以来，书法家书必有源，法皆有本，知本知源方能识得书法之美。沈氏三代人都是书法家，称得上是书香之家。祖父沈问梅老先生是清末秀才，耽爱诗书，儒佛兼修，是中华佛教总会第一任会长、天童寺住持、著名爱国诗僧八指头陀的诗友，彼此时相唱和。父亲沈菊人先生好读书，善书法，精心研究临摹唐代颜真卿、欧阳询、柳公权诸大家碑帖，尤喜大气磅礴的颜体，常写厚实丰满之颜字示范后辈。由此可见三沈书法的家学渊源。

沈元魁先生幼承家学，长大后师事著名书法家钱罕（太希）先生。钱罕是浙东书法大师梅调鼎的传人。梅调鼎先生志行高洁，书品人品令人敬慕。梅氏书法，融古法出新意，刚柔兼具，风骨独标，与浙东文化严谨笃实的学风相呼应，开创法度严谨、形神兼美的浙东书风。太希先生书法得梅氏真传，笔力健、法度正、结体美，是继梅调鼎后浙东又一大家。元魁是钱罕先生的入室弟子，谨遵师法，运腕出手，笔笔皆有来路，而又能"出新意于法度之中"，笔法凝练、结体淡雅、意蕴含蓄，具梅体韵味，颇有"伏采潜发"之内力，耐人细读。

沈元发先生（元魁弟弟）谨守菊人先生家法，有见识、有大志，精心学习汉魏唐宋诸大家碑文法帖，衷心崇仰二王，经常临摹《兰亭集序》。元发书法求晋人之韵、得唐人之法，书写隶、楷、行、草诸体皆有法可循，有韵可察。故而读他的书法，时而见其豪放，时而见其凝敛，时而见其坚韧，时而见其飘逸，字有多体，法有多门。根基深，功力厚，变化多，字形美，很有吸引力，雅俗共赏。

沈师白是元发君的儿子、元魁君的弟子，聪颖敏慧，学专多门，能书、能画、能篆刻，又精于艺术设计，善学习、多创意，是沈家的良驹，后生可畏，前程无量。师白书法既得其父传，又入门于大伯父，笔法不囿家风，尤善用锋，字体美而有序。通体布局，骨力架构，气势韵味，渐臻佳境。更上一步，定能"青出于蓝而胜于蓝"，炉火纯青指日可待。

书法精美，得之于才学丰厚，历代书法家都是饱学之士，书法与才学关系密切。书家之才半自天赋，半自后学，细观三沈书法，体虽有殊，而情感气脉却多相连，由此可见他们有相似的禀赋。而才要成材，却须厚学，"积学以储宝"方能成大器。沈氏昆仲及其子弟是有书学修养的书法家，虽然三人的书写风格相异，但他们的篆、隶、楷、行、草都是学有所本，秉承学书的章程，一丝不苟。"才为盟主，学为辅佐，主佐合德，文采必霸"，三沈文采，来自才，得于学。学书法要重才学，浙东书风是重才学的书风。个人认为《三苑掇英》的出版，对弘扬浙东书风意义很大。

（本文收入本书时有删节）

《中华当代儒商书画选》序

古代把博识洽闻的学者和有学问的文化人通称为"儒",从特定含义上说,儒是指崇尚孔子思想,秉承孔子以"仁"为核心的道德伦理学说,并能遵守"居处恭、执事敬、与人忠"行为规范的人。有人将读书明理,以仁心济人,以仁术治病的医生称为"儒医";将爱国为民,有儒者风度的将领称为"儒将";将有"修己爱人"的人格修养,和"因民之所利而利之"经营理念的商人称为"儒商"……

孔子弟子中高人、能人甚多,他们大都是有高尚道德的人。孔子分德行、言语、政事、文学四科来培养人才,史称"孔门四科"。在孔门四科中虽没有商业这一科,但在孔子门生中却有一位杰出的商业人才,他叫子贡(端木赐)。他在孔门属言语科,是一位口才出众,能闻一知二、以理服人的外交家,在诸侯纷争的年代里,他用外交手段来缓解国与国之间的争斗,"化干戈为玉帛",因此受到各国诸侯的重视。后来他弃官经商,孔子说他"赐不受命而货殖焉,亿则屡中"。他在晋、鲁等地经商,由于善于分析形势、把握机遇,对各地物价行情猜测很准,因此获利很多,富到可以和诸侯"分庭抗礼"。子贡富了,但他始终没有忘记孔子"仁者爱人"的教导,实现他"博施于民而能济众"的理想,子贡可算是中国第一位儒商。现在许多工商界人士都以被称为"儒商"为荣,这是好事。当然现在的儒商已不同于子贡时代了,但是传统商业道德仍然有可继承的一面,"因民之所利而利之"的企业家越多,越有利于社会主义市场经济的健康发展,人们对当代儒商是寄予厚望的。

书画是高雅艺术,爱好并精修书画艺术的人大都是有文化涵养的人。晋人说"学书积学致远",学书法要积学储宝、宁静致远。书法不是单纯的笔法,还要在笔墨中蕴涵文化的精神,有精神内涵的笔墨才是能使人百读不厌的笔墨。绘画与书法同功,也是内涵十分丰富的艺术,南北朝时艺术理论家宗炳认为画家作画要像圣贤修身一样,要有"含道""澄怀"的精神修养,作画时要"凝气怡身",尽量避免庸俗观念影响画家的心境。作家的情趣必然会影响作品的境界。

经商与书画是性质不同的两个范畴,经商需要理性思维,必须要有理性的经营理念;书画需要形象思维,必须要有感性的创作激情。但是体现在具体的人的身上,理性认识和感性感受是可以统一的。一位企业家文化艺术素养愈高,他的经营理念也愈开阔愈丰富。文化有利于企业品格的提高,企业文化品位越高,也就越能和谐地协调好义和利的关系,提倡企业文化是构建和谐社会不可忽视的一环。

陈安春君是位爱好书画艺术的企业家,他崇儒、修禅、善经营、精书法,又善于将四者融会贯通,是位颇有才识的商家。他的书法受业于体草书传人蒋思豫先生,潇洒飘逸,纵横自如,颇有禅味。他营商联谊,以书会友,结识了海内外许多儒商和书画界人士,集资创编了《中华当代儒商书画选》,并请其师蒋思豫先生主编,至今已出版了四辑。他始终坚持"儒商者取之于民,用之于民,为民兴业,为民办事"之宗旨,并为弘扬民族文化,建设企业文化而尽心竭力。在《中华当代儒商书画选》第四辑即将面世之际约我写序,为他精神所感,顾不得贻笑大方,冒昧从之,是为序。

《茶文化书画集》序

眼前这本书画集是以茶文化为主题,集诗、书、画、篆刻、摄影于一体的作品集,可以说是茶与文学艺术的一次联姻,其结合点是因为两者都体现了优秀的民族文化传统。

茶是人们日常生活中的必需品。俗话说:"开门七件事,柴米油盐酱醋茶。"人不可一日无茶,茶圣陆羽说:茶能消渴提神、清心明目、解闷去烦、活络四肢、舒通百节。(《茶经》原文为:"茶之为用,味至寒,为饮,最宜精行俭德之人。若热渴、凝闷、脑疼、目涩、四肢烦、百节不舒,聊四五啜,与醍醐、甘露抗衡也。")喝茶有许多好处。现代人认为茶含有多种维生素、氨基酸,有丰富的活性成分,是上好的保健饮料。现在有好几位专家和著名人士建议将茶列为"国饮"。宁波茶文化书画院的艺术家们以诗、书、画、印、影等优美的艺术形象,将"国饮"的特性表现出来,是很有意义的创作,谁见了都高兴。

品茶与鉴赏艺术作品都是精神活动,能丰富人们的生活情趣。明文学家袁宏道说:"世人所难得者唯趣,趣如山上之花,水中之味,花中之光,女中之态,虽善说者不能一语,唯会心者知之。"趣得之于自然,只可意会,难以言传。

品茶是一种情趣:一人独啜,情思悠悠;二人对饮,畅怀倾心;三朋四友围桌而饮,说说笑笑,寓动于静。这是品茶的情趣。

欣赏艺术作品又是一种情趣。苏东坡说:"诗中有画,画中有诗,诗画本一律,天工与清新。"诗与画有美的共性,一要自然而然,二要清新脱俗。而书与画更是异形而同品,"画尚变化,书尚风格",两者都是作者情志的寄托。篆刻看刀法,作品以气质为重。摄影借用科技手段,摄取世态万象,展示摄影家的审美眼光。诗、书、画、印、影,事事皆有情趣,有心人自能得之。

不过要感受情趣之隽永,还须进一步去体会茶与艺术作品的韵味。清新平和、淡泊宁静,是茶的韵味,品茶能品出淡泊宁静的韵味,喝茶就喝出境界来了。"言已尽而意无穷"是诗的韵味;"气韵生动,意境悠远"是画的韵味;"正书居静以治动,草书居动以治静"是书法的韵味;"法古而铸今"是篆刻的韵味;"形真而神俊"是摄影艺术的韵味。如果我们在品茶和鉴赏艺术作品时,能感受到其中的韵味,则是更美妙的精神享受。

宁波《茶文化书画集》,是茶和艺术在民族文化共性上的结合,希望它所显示的情趣和韵味,能使大家感到愉悦。

《宁波五十年掠影》序

宁波是长江三角洲南翼的经济中心,我国东南沿海重要的港口城市,经济计划单列市,副省级城市,又是国家历史文化名城。解放50年来,尤其是改革开放20年来,宁波的发展变化是引人瞩目的,两个文明建设进展神速,经济繁荣,社会稳定,人民生活日益提高,城市面貌变化十分显著。宁波的景象是美丽的,宁波的变化是巨大的,宁波发展的历程是艰辛的,宁波前进的步伐是有力的。

这部影集展示了今天宁波的新颜,同时也反映了昨天宁波的旧貌。它记录着岁月的痕迹,甬城的今昔;它讴歌了港口的变迁,经济的腾飞;它还反映了宁波总体发展全貌和综合实力的提高。原来是同一座城市,同一处村庄,同一片山村,同一条街道,同一片港湾,同一个地方……影集展示的却是两种全然不同的景观,新旧两组照片,新旧两种形象,同时展现在你眼前,定然能引起你一连串回忆,它会使你惊喜,也会使你感叹。看看其中是否有你的脚印和手迹,汗水和智慧。过去曾经是你梦中的憧憬,心中的希望，现在都成了鲜明生动的真实。对比是最有说服力的，对比使这部影集富于历史发展的动态感。在中华人民共和国建国50周年的伟大日子里，看到这部反映宁波解放50周年的影集，内心能不激动吗？能不觉得这部影集内容分量之重吗？

没有共产党就没有新中国，因有"牺牲多壮志"，才教"日月换新天"。没有20年的改革开放，何来今天的繁荣昌盛？不建设好有中国特色的社会主义，怎能使中国越来越富强，人民生活越来越幸福？影集留住过去，使我们永远记住必须记住的人和事；影集指向未来，使我们满怀信心奔向21世纪，宁波必然和全国各地许多先进城市一样变得越发美好，越加美丽。

《宁波当代作家散文选》序

散文是行文比较自由的一种文体,很难给它划定一个绝对的界限,就其应用范围来说,可以叙事、状物,也可以论理、抒情。就其涉及的方面来说,用它来述历史记人事,就称之为史传散文;用它来阐发哲理,就叫它为哲理散文;用它来导游记胜,描山绘水,就叫它为游记散文;用它来倾吐心曲,抒发情思就称之为抒情散文。以其文字含量来说,可长可短,短的数十字便可成文,长的数千言也不嫌其长。不论长和短,散文最有吸引力的,恐怕还在于作家能用美的语言,表达美的思想感情。优美的散文大都含有耐人寻味的哲理,有人说散文是智者之文,大概就是这个意思吧。

我书桌上放着《宁波当代作家散文选》书稿,内容丰富、风格多样,反映了宁波当代作家的感受、情思和智慧。其中有相当数量的文字是写宁波的,是一部有宁波特色的散文选集,因而使我联想到三篇由三位古人写宁波(四明)的著名散文,这里顺便将先后相隔千余年的这三篇散文的因缘关系说一说。

一是晋朝陆云的《答车茂安书》。陆云作《答车茂安书》的缘由是车茂安的外甥石季甫被任命为鄮县县令,当时中原人不知道鄮县(宁波古名),以为是蛮荒之地,贫困异常,灾难不断,到鄮县当县令等于走上绝路,因此石季甫一家人惊恐万状,抱头痛哭。石的舅舅车茂安知道陆云学识渊博,便向他探询鄮县实况,陆云就写了这封信,告诉他鄮县地处东南,西有大湖,北有名山,南有林泽,东临巨海,有许多美好的东西,是使秦始皇东巡时流连忘返的地方。读了这封信后,石家"举家大小豁然忘愁"。《答车茂安书》便成了宁波人爱读的信。

二是在南宋度宗朝当过礼部侍郎的王应麟,他退休后在家著书立说,想到千年前陆云的《答车茂安书》没有将他家乡四明的美好说清楚,于是便洋洋洒洒地作了著名的散文《四明七观》,观四明之雄峻,观东海之浩瀚,观山川之秀丽,观物产之丰盛,观寺庙之庄严,观人物之卓越,观学术之纯粹……《四明七观》构思宏博,文采华赡,堪称美文。

三是清朝大学问家全祖望,他世居宁波月湖,感到四百年前王应麟的《四明七观》全方位赞美了四明宝地却忽略了"唐宋衣冠、人文荟萃"的月湖,于是他又写了典雅华美的《湖语》,详说月湖的历史、月湖的景观、月湖的人物、月湖的甲第、月湖的水利、月湖的物产、月湖的文采风流、月湖的风俗人情,最后说"湖水之静深,足以洗道心;湖水之澄洁,足以励清节;湖水之霏微,足以悟天机"。月湖不仅美丽,而且还有清廉的美誉。王应麟和全祖望是著作等身的大学者,文采斐然的一代文宗,《四明七观》和《湖语》是笔力相当的文中双璧。距《湖语》传世约二百五十年后,我们又欣喜地读到描绘四明新景物、新人物、新气象的《宁波当代作家散文选》。高兴之余,插了一段四明文坛掌故,该不是赘笔吧!

优秀的传统文化和反映民族精神的现代文化,文脉是相通的。

"文变染乎世情,兴废系乎时序"(《文心雕龙·时序》),不同时代的文章有不同的时代特征。《宁波当代作家散文选》含有"乡音乡情""河山履痕""异域风情""内心家园""坊间论语""世间你我""斯人难忘""浙东人文""文史我鉴"九部分内容,选录了228位作家,253篇作品,达80余万字,是一部集细流而成大河,缤纷多彩的散文集。选集中佳作甚多,如语淡味醇、引人遐思的《古渡随想》《普陀听潮记》;如思理深、意蕴厚、深入浅出的《追寻古建筑的灵魂》;如写高尚于平凡,见真诚于细微的《纽襻》《以母亲的名义》《煤球阿三》;如绘形于文内,见义于文外,耐人寻味的《粗陶》《蓝布长衫》《与灰尘斗争到底》;如意气沉郁,情感深厚的怀人之作《忆念梅志》《永远的江老师》;如叙事婉曲,伏采潜发的人物写生《带着枷锁前行》;如以行云流水般文笔,写平平常常的生活细节,却能激发读者心灵回荡,富有人情味的散文《写字台边的黑猫》;如以擅写心理矛盾之笔记叙大文豪的精神悲剧,令读者唏嘘不已的《黑暗中紧紧依偎》;如记实事、道真情、浓情淡写、亲切自然、文如其人的《回乡》;如深思博览、写异域见闻、印象清晰、读后有余味,富有知性和历史感的游记《美国心情》……作品众多,不胜枚举。此外尚有许多色彩斑斓,爱憎分明,时代感强感染力深的作品,不一一列举,读者读后自有分晓,无须多说。

历史在不断前进,宁波在不断发展,最近国务院批复宁波城市定位:东南沿海重要的港口城市,长三角南翼经济中心,国家历史文化名城。要把宁波建设成经济繁荣、社会和谐、设施完善、生态良好,具有国际港口和江南水乡特色的现代化城市。这一正在实施中的宏伟蓝图，极大地激励着宁波人的心，大家都在为实现这一伟大目标而努力奋斗，贡献各自的聪明才智。作家更是责无旁贷，去参与，去感受，去反映。同时在新形势、新情景中探索新的观察点，培养新的情趣，抒发新的情怀。散文是灵敏度很大的语言艺术，经济越繁荣，社会越进步，人们的感情越丰富，思想境界越高，散文用力的广度深度也越大越深。

出作品出人才，出人才出作品，是互为因果的，我们高兴地看到《宁波当代作家散文选》聚集了那么多作者，汇集了那么多作品。在这一群体中许多人年富力强，其中，也有十八九岁的年轻人，还有八九十岁的老年人，不论十八九还是八九十，都是有才情有文采的人。《宁波当代作家散文选》一定程度地反映了宁波散文创作的实力和潜力，它的出版，也可以说是宁波市文联和作协的一次队伍建设，深信这支散文队伍定能在散文园地上做更有深度的耕耘，让散文之花开得更鲜艳，更芬芳。

二〇〇六年九月二十五日

《绚丽的历程》序

历史上的宁波是人才辈出、文化底蕴比较深厚的地方。现代的宁波更是人才济济,文化艺术气氛浓郁,有鲜明地域特色的地方。宁波曾出过许多大师级的人物,如周信芳,如潘天寿,如沙孟海,如柔石,如巴人,如袁牧之,等等。他们自幼受浙东文化熏陶,后来外出求学求业,经受历史洪流的磨炼考验,锻炼成引领风骚的一代大师,成为家乡人民的骄傲。最可贵的是他们又将他们卓越的成就、高尚的情操、明睿的智慧、精湛的作品,反哺家乡,影响家乡一代一代新人的成长。

同时,改革开放30年来,在党的关怀培育下,宁波也造就了一支诚信、务实,有智慧、有才情、有创新思维和创作能力的作家艺术家队伍,他们中有的以优秀的文学艺术成果,博取了国家级、省级、市级多项奖励,他们的知名度和作品的影响力已经跨越地区,声名远播。上一代人的良好影响,新一代人的茁壮成长,两股力量的融合,使宁波的文学艺术能在有中国特色的社会主义文化园地中开放出有地域个性和时代精神,色彩鲜明,引人瞩目的花朵,形成宁波文艺的新景象。这新景象的形成,宁波市文联发挥了重要的作用。

宁波市文联自1958年12月成立至今已有50年历史了。这50年历史经历了由暴风骤雨、惊涛骇浪到风和日丽、春光明媚的巨变。作为一个地方文联,虽只是历史洪流中的一叶小舟,但这叶小舟也得随着历史波澜的起伏而起伏,也要在风浪中搏击,在波澜中荡漾,更要迎着朝阳,把准舵盘,不使方向迷失。在一个非常特殊的年代里,文联这叶小舟是在大风大浪中,小心翼翼地飘荡过来的,在不平常的年月里经受了不平常的历练。到了改革开放的年代,宁波市文联在中共宁波市委的领导下,在中国特色社会主义核心价值观的指引下,终于踏上了阳光灿烂的中国特色社会主义的文化大道,出现了一支卓有成就的作家艺术家队伍,产生了一批有一定影响力的文学作品和艺术精品。出作品出人才,出人才出作品,在良性互动的态势下,宁波市文联自身也得到健康扎实的发展,切切实实地用文艺来为人民服务,为社会主义现代化建设服务,为宁波文化大市建设服务。

宁波市文联成立50周年了,在这50年中自然会留下许多有纪念意义的成绩和许多为宁波文艺事业的发展繁荣而辛勤工作的人们之形迹。在纪念宁波市文联成立50周年之际,编辑出版《绚丽的历程》这本画册,呈现50年来宁波文艺界的许多人和事,是很有意义的。这本画册也可以说是宁波文艺50年演变发展的形象史。一幅一幅照片,表述了一章一章历史,最真实的形象,是最有说服力的历史。我们看到这许多顺年代、分内容排列的照片,激起几多感慨,引发几多回忆,有的引人深思,有的令人沉郁,有的让人兴奋,有的使人愉悦,从旧照片看新景象,更使人感到新景象来之不易,弥足珍贵。《绚丽的历程》是宁波文艺发展50年的真实记录,也是献给众多文艺工作者、组织者们最珍贵的礼物。

"长江后浪推前浪,一浪更比一浪高",前50年历史已然翻过去了,新50年的光辉前景即将展示在我们面前。宁波已进入"扎实推进经济大市向经济强市迈进,使宁波成为科学发展的先行城市"(《中共宁波市委十一届五次全会会议决定》)的新的历史时期。经济发展促进文化发展,社会繁荣影响文化繁荣,文艺反映生活,是时代的镜子,文艺又是催人奋进的号角,激励人们昂扬向前。当我们看到《绚丽的历程》时,已"思接千载,视通万里"地臆想着新的"绚丽历程"的到来。纪念宁波市文联成立50周年,将是迎接宁波文艺发展新阶段的迎新会。

二〇〇八年十一月

《梁祝的传说》序

梁山伯与祝英台美丽动人、生死不渝的爱情故事,最早见诸文字是在梁元帝萧绎年间的《金楼子》。萧绎登帝位只有四年(552—555),那么有关梁祝的传说必然早于公元555年,不然就不可能收于《金楼子》中。据说梁祝故事发生于晋末,在民间流传了150年后,才载入《金楼子》。这样算来,梁祝故事流传至今该有1600余年了,由此可见其生命力之强,影响力之大,感染力之深。可以想象,在1600余年流传中有多少人的思想感情参与其间,是众多的参与者使梁祝的形象变得越来越丰满。

魏晋时期,在久经战乱后,人们的精神冲破汉儒思想的束缚,出现了春秋战国以后又一次思想解放,因而祝英台女扮男装,外出求学并不离奇。魏晋时代又是门阀观念极深、等级制度极严的时代,"九品论人"思想影响极大,上品无寒门,下品皆庶民,婚配时门第高低是无法逾越的界限,祝员外不肯将女儿嫁给寒儒,实属必然。精神解放与门第限制的矛盾,产生了祝英台与梁山伯的爱情悲剧。悲剧是历史性的,梁祝故事动人处在于强大的精神力量冲破了封建门第制度的樊篱，祝英台的"生前不能夫妻配，死后也要同坟居"的决心，使梁祝的爱情升华了，它使爱的悲剧转化为爱的永恒。人们美丽的想象，"蝶舞凝山魄，花开想玉颜"（宋薛季宣诗），以比翼双飞的蝴蝶来象征爱的纯洁，情的永恒。

梁祝故事离奇而美丽，因而它有诱人的魅力；梁祝美好的心灵，遭到残酷的摧残，因而引起人们的同情；梁祝生死不渝，纯洁高尚的爱情，激发了一代又一代青年人的崇高情感；梁祝故事激起了众多心灵的共鸣。于是由梁祝故事衍生出戏曲、电影、音乐、舞蹈、美术、雕塑等多种多样感人的艺术形象。多种多样的艺术又引发人们多种多样的思考，学者们想弄清楚梁祝故事产生的历史背景，民俗学家想考究当时的婚姻习俗，美学家想研究梁祝形象的美学原理，考古学家要考证祝英台读书台、梁山伯墓遗址的真伪……由此而产生有关梁祝的文化现象，形成蔚为大观的"梁祝文化"。由周静书主编，莫高、徐秉令、麻承照等同志参与编纂的，由中华书局出版的洋洋两百万字的《梁祝文化大观》汇集了从梁祝故事传说、梁祝艺术创作到梁祝学术研究的珍贵资料，是"梁祝文化"的结晶。《梁祝文化大观》出版后受到文化艺术界、学术界、图书收藏家及广大读者的重视，被认为是文化园地中的奇葩。为适应读者大众的热切需求，近期，周静书同志精选了《梁祝文化大观》中"民间故事"部分篇目，又补充了一些新近发现的原始传说，续编成这本《梁祝的传说》。本书还刊印了刘黛琳、何月桂两位女画家绘制的梁祝彩画，并附有水族双歌《梁山伯与祝英台》及其他有关梁祝的美妙歌曲。在中华书局大力支持下，新颖精致的《梁祝的传说》出版了。

梁祝的传说是梁祝文化之源。水从源头起，浩浩大江源于涓涓细流，原始传说能使我们探索到梁祝文化的底蕴。《梁祝的传说》是梁祝文化探本溯源之作，有助于阅读鉴赏和对梁祝文化的研究。周静书同志约我写序，我就"借题发挥"几句吧！

《宋诗文的故事》序

宋朝长期受辽金、西夏侵犯,对外战争受挫折,终至北宋亡于金,南宋亡于元。同时朝廷内部不同政治集团之间党同伐异,内耗甚大。宋王朝鉴于前朝灭亡教训,抑制军人擅权,主张重文偃武,致使外患加深,国势积弱。但是在内外矛盾交织的复杂形势下,却产生了一批有抱负、图振兴、誓雪国耻的爱国志士及讲道义、重气节、富文才的有识之士。在两股正气交相影响下,两宋文学形成独特的风貌,两宋名家诗文大都充满爱国主义激情,蕴涵着深刻的哲理思考。

唐宋是中国古代文学发展的全盛时期,产生了许多光耀千秋的名家名作。但是唐宋两代历史情况不同,因此两代文学又各具特色。试将唐诗与宋诗作一比较:诗发展到唐代已是众体皆备,流派纷呈,名家辈出,佳作如林,达到了登峰造极的境界。宋诗如继续循唐诗旧轨,很难再创新的高峰,必须适应新的潮流,另创新境,终于在爱国精神和哲理思辨的影响下产生了与唐诗迥然不同的风格。"唐诗多以丰神情韵擅长,宋诗多以筋骨思理见胜"(钱钟书《谈艺录》),唐诗重意兴,宋诗重理念(当然也不是不讲形象,宋诗中也有许多形象生动、情趣隽永的好诗)。读唐诗可以通过形象去感受诗意,读宋诗则须通过思考去理解诗义。唐诗宋诗都爱用典,杜甫就是善于用典的大诗人,但宋诗中用典的情况远过于唐诗。用典的好处是言简意赅,通过历史典故来深化诗意,同时也可看出诗人"读书破万卷"的功力。用典的缺点是使诗的形象直觉受到阻隔,一般读者需要借用注释来体会诗意,才能去品味诗的滋味。诗如此,词也如此。宋词大家,除了柳永、李清照用典较少外,其余诸大家几乎都善用典。

  金建楷、魏腾达编写的《宋诗文的故事》是两种故事的合成:一是作家身边的故事,一是作家诗文中引用的典故。这册故事集里的故事,大部分是对诗文的典故作通俗的演绎,是一本既有知识性又有趣味性,可读性较强的书。其中文章独立成篇,一篇文章就是一则故事,可以将它作为古典诗文的导读,也可以将它当作叙事散文来欣赏。宋代不少名臣名将,如北宋的范仲淹、欧阳修、王安石、苏轼、苏辙等,南宋的岳飞、张孝祥、范成大、辛弃疾、陆游、文天祥等,都是杰出的诗文家,他们的业绩行状有许多可歌可泣的故事,他们的诗、词、散文引用过许多含义深刻的典故。在他们感到忧愤的时候,或者胸怀激烈的时候,往往要借用历史典故来抒发他们的理想和情怀。读者不了解这些典故,就难以吃透他们许多传世之作的精神。假如你不知道赤壁之战的故事,你就难以理解苏东坡作《赤壁赋》和《赤壁怀古》的意念和他在词中所寄托的情怀。假如你读辛弃疾的《永遇乐·京口北固亭怀古》而不了解当时南宋抗金的斗争形势,不知道孙仲谋是谁、寄奴何人,他们曾创下过什么业绩,你就难以体味辛弃疾作此词时的苍凉心情和他所表达的坚决抗金、老当益壮的战斗意志,用典就是借用历史故事来表达作者自己的情思,所以只有明白了典故,才能理解作家的创作精神。当然有的故事并不是典,而是作家生活中的小插曲,而这一小插曲往往最能显示作家的品性、情操和情趣。比如本书中《东坡肉来历》《铁绰铜琵琶》《山抹微云君》等都是很有趣味的小故事。这类小故事出于苏东坡的最多,因为苏东坡知识渊博、才华横溢而又生性幽默,一生大起大落,历经坎坷,人们喜爱他,同情他,怀念他,因此他流传于民间的故事也最多,他自己也写过几部"杂记",其中有许多令人发笑的故事。这本故事集雅俗共赏,可以借此谈笑,也能启人心智。

  金、魏等同志编写的故事集,看似容易成却难,如果他们没读过许多书,是编写不出来的。故事集的原始资料大都采自前人的诗话、词话、笔记、随笔等,并广泛搜集有关文人雅士的轶事趣闻,经过精挑细选,并以生动流畅、大多数人看得懂的文笔阐译而成,下的功夫实在不少。我没有对这本书作过高评价,因为它毕竟是一本故事书,并且说古道今,其中难免有疏漏之处。但是我要说,这是一本值得一读的故事书,尤其对青少年阅读古诗文、增长知识、陶冶情操,都会有所帮助。

《宁波老故事》序

民间故事口头流传,内容丰富,情节朴实,许多故事都显示着劳动人民的智慧,同时也反映了劳动人民的意愿。因此,民间故事常常能以其特有的艺术魅力,吸引广大的读者和听众。

宁波人叫讲故事为"讲聊天",听故事为"听天话",这意思是说"讲聊天"的人,总爱天发地发,不受拘束,说东道西,随意发挥,说小小到茶杯里掀起大风浪,说大大到上天入地呼神驱鬼,事事物物,形形色色,都可以当作故事的材料。因此说,讲故事是"聊天八只脚",犹如脱缰的野马,任意奔跑,想象力越丰富,故事就越生动。小孩子最爱听大人们讲故事,故事能促使孩童展开想象的翅膀。俄罗斯大诗人普希金、中国大诗人艾青,在幼年时代都爱听奶妈讲故事,所以,听故事能培养儿童的想象力。

林江云编著的《宁波老故事》,讲的是历史上宁波的故事、本地风光,别有一番风味。林江云是个土生土长的宁波人,对宁波的掌故、风情十分熟悉。他早年一直住在鼓楼前平桥头,历来中山公园和鼓楼这一带,是出老故事最多的地方,在其中耳濡目染的他，自小就是个故事迷，经常会现贩现卖。长大了，他对以往所听过的故事，逐渐有了判别是非、善恶的能力，就一心成为民间故事的搜集者和整理者。等到退休以后，他更是将精力花在对老故事的研究、整理和创编上。例如，他根据梁山伯与祝英台爱情悲剧的传说和有关的文字记载，编创了情理交融、委婉动人的作品——全本梁祝正传《魂萦蝴蝶情》。该书出版后，受到了众多读者和有关专家的好评。他深入发掘梁祝爱情的内涵，丰富了梁祝故事的情节。他的《魂萦蝴蝶情》中有些新创意、新点子，为几位小说家、名作家所吸纳，这说明他对梁祝故事的研究是下过功夫的。

最近，他又精心编著了一部《宁波老故事》。老故事好就好在一个"老"字上，创作要有新意，故事不厌老，老故事就是将过去的事说给现在的人听。例如，天封塔是中古时期遗留至今的古建筑，在宁波是无人不晓的古迹，历来就有许多关于天封塔的传说，故事越说得神奇，传奇色彩越浓，古迹就越令人向往。林江云创作的《天封塔的故事》，给古建筑增添了神奇色彩，情节真真假假、虚虚实实，但凸显了构建天封塔的精神象征，颇有意思。从前，科学观念不普及，有很多异常的自然现象、社会现象、生活现象，不能用科学道理来解释，人们往往就将奇闻轶事、善恶报应，诉诸鬼神。俗话说："戏不够，神来凑。"人力无法解决的事，就请神鬼来解决；心中不好发泄的愤懑，就借鬼魅之口来发泄。有些故事拿鬼说事，许多怪诞的故事其实都是现实生活的变形。例如《阴曹助建张斌桥》，讲的就是人间不平事，阴曹得报应。民间素有"善有善报、恶有恶报"之说，恶人的罪孽，终究会受到惩罚，善人的善愿一定可以实现，奉劝大家要"众善奉行，诸恶莫做"。又如《躲债庙的故事》，这是一篇老故事的新创编，颇有人情味。相传宁波有贫、贱、富、贵四座庙,义庄庙是穷人的躲债庙,所以叫"贫庙",穷人在走投无路的时候就到义庄庙来避难。尤其是在除夕夜,债户被债主逼得无路可走时,就躲到义庄庙过大年,躲过了年三十,到了新年初一,大家见了面一声"恭喜发财",债主就不好意思张口催债了。躲债庙内躲过各种遭遇不同的负债者,也有人被逼而上吊,因此躲债庙内有冤魂,但也不乏有良心的债主,能体谅负债人的苦楚,在除夕之夜备了酒菜到庙内寻找躲债人,请他一起吃年夜饭,透露出人间的一丝温暖。不过这样的结尾,在老故事里是找不到的,是林江云特意编添上去的,给老故事增加了亮色,很有意思。这也可以说是"故事新编"吧!类似的情节、写作手法,在《宁波老故事》的其他作品中也能见到。

还值得一提的是,林江云在每一则故事的后面,都写有一段简短的解说与提示,提请读故事和讲故事的人要多多注意故事的积极意义,尽量减少老故事的负面影响,这是作者的良知,值得称道。

应林江云之约,写了我对《宁波老故事》的看法,聊以为序。

二〇〇七年九月二十七日

(本文收入本书时有删节)

《宁波民间故事集》序

民间故事是在民间口头流传的故事，内容丰富多彩，情节朴实动人，许多故事都显示着劳动人民的智慧，同时也反映了劳动人民的意愿。但是故事的作者是谁，却很难说清楚，可能是一位饱经风霜的老人，在冬闲时节，晒着太阳，和一伙年轻人聊天，也许其中有段见闻经历，说出来引起大家兴趣，于是在这伙听众中就转相传述，一传十，十传百，每个传述的人加上一点自己的想法，增加几分好看的颜色，于是就形成一则动人的故事；或许是一位聪明的年轻人，虽有对生活美好的向往，但在现实生活中难以得到满足，于是他就想象出一段一段的故事，借它来诉说自己的心愿，填补生活的缺陷，并将他设想的故事，讲给和他有同样心思的伙伴听，大家听了高兴，激起共鸣，于是就你加一节我加一段，形成了一则快人心意的故事；也可能是一个惨遭迫害的人，怀着对反动统治阶级的仇恨，在雪冤无门、报仇无路的时候，他要寻求人间的公道，诉说心中的不平，将自己的身世遭遇讲出来，激起人们对恶势力的憎恨，对苦难人的同情，日子久了，当事人已成故人,而他们的事却作为故事流传下来;或者是由于人们热爱故乡,对家乡的一草一木都怀有不可名状的感情,会联想起自己富有魅力的童年生活,喜欢将自己家乡的陈年古迹、山川河流、奇闻逸事讲给下一代人听,这样一代传一代,于是就形成一则又一则具有乡土气息的民间故事;也可能人们出于对英雄人物的崇拜,喜欢将英雄的事迹,赋予传奇色彩,于是历史上的英雄,成为人们心中的神,他们的业绩,也就成了神奇的故事……民间故事的作者,想象力是丰富的,幻想是奇丽的,但语言却很朴实,使人一听就懂。故事情节并不十分复杂,而生活气息却很浓;故事内容有的天真烂漫,有的妙趣横生,天真处逗人喜爱,机智处引人深思。因此,民间故事常常能以其特有的艺术魅力,吸引广大的读者和听众。

由宁波地区群众艺术馆编集、裴明海同志主编的《宁波民间故事集》搜集了宁波地区各县流传的一百余则民间故事,内容有宁波地区名胜古迹的种种传说;有流传在本地区的许多奇闻逸事;有浙东旖旎的山山水水引发的人们的种种神思遐想;有历代名人在宁波地区活动的有趣传说;还有关于本地土特产的饶有兴味的传闻;以及令人捧腹的笑话。名色繁多,内容多样,是一本颇有地方特色的民间故事集。这本书作为故事来读是有趣的,作为了解宁波地方风土人情的资料来看是有用的。这是一束带有乡土气味的鲜花。

宁波地区民间文学工作者搜集整理民间故事已取得了第一个成果,希望继此之后,对本地区的民间文学能作更多的发掘、整理,使这朵民间文学之花开得更加鲜美。

一九八二年四月二十一日

《民间故事集成·海曙卷》序

海曙区文教局收集整理的"民间故事集"虽然比较粗糙,但有浓郁的乡土气息,读起来感到亲切有趣。本故事集中有的是陈年老故事,是祖祖辈辈在夏夜乘凉的时候、冬天晒太阳的时候,向儿孙辈一遍又一遍、一代又一代地传讲下来的,虽然比较朴素,但却是历史文化长河中一滴滴晶莹动人的水珠;有的是因地而异地讲本地某一条街名的来历,某一古建筑营造的典故,或讲当地出过一个什么样的人,发生过一件什么样的事,这些人事后来又经过每一传讲人添油加醋,增加了许多神奇色彩,于是就成了最有地方特色的民间故事;有的传说当时当地的世态人情、孝悌人伦、风流韵事,认为好的扬其美,认为坏的彰其恶,这类故事是当时社会风气的反映,其中也渗透了人们判别是非、善恶的道德观;有的是幻想故事,表达了在深重灾难中生活的人们,渴望改变自己的命运,在现实生活中办不到,就以幻想来表达自己的心愿,这类故事人们叫它为"大头天话",其实这类"天话"正表达了人们内心的辛酸,是含着眼泪的微笑。总之,民间故事来自民间,它质朴而生动,简单而复杂,肤浅而深刻,虚中有实,实中有虚,民间故事既是消闲中的聊天,也是研究一个地方民俗民情及其历史演变难得的素材。海曙区文教局编集这本集子是件有意义的事,要我写几句,我就隔靴抓痒地写几句吧。

一九八八年九月

《宁波旅游景点导游词》序

现在爱出外旅游的人越来越多了,这表明人们经济生活条件好了,在紧张的工作、学习之暇都想借旅游来调剂身心;也表明人们生活中的文化含量大了,希望多接触大自然,多了解历史传统和古代文明,希望有多种生活色彩来丰富自己、充实自己。旅游是拥抱大自然的健身运动,旅游是陶冶性情的精神修养,旅游也是增添见闻、丰富知识的文化生活。

宁波地处东海之滨,是改革开放的前哨,山川秀美,风光绮丽;宁波又是历史文化名城,历史悠久,名人辈出,有世上罕见的历史遗址,文化底蕴深厚。宁波既有迷人的自然景观,更有众多的人文景观。但是美丽的山山水水须要有明亮的眼睛去观察,丰厚的文化积蓄须要有敏慧的心灵去体验。没有明亮的眼睛,难以欣赏大自然的美,没有敏慧的心灵,就感受不到文化遗址的历史价值。所以旅游必须有导游,导游可以起到画龙点睛的作用,导游是景点和游客进行交流的中介人。

而好的导游,应该具有一定的文化素养,要说得清所见的景点美在哪里,所看到的名胜古迹,它的历史背景怎么样,它的历史价值在哪里,因此导游也须要"导游"。《宁波旅游景点导游词》就是导游的"导游"。它帮助你理解河姆渡新石器时代遗址的伟大价值;它使你明白我国现存最古藏书楼天一阁的文化含量;它启示你要用诗一般的语言来形容千丈岩瀑布的壮观;它使你能撩开迷蒙缥缈的烟雾去认识天童、育王的文化含义……这本《宁波旅游景点导游词》是每位导游必读的书。

如果旅客们在旅游时带上一本导游词,看景读文,看文观景,那一定更能增添旅游的情趣。同时还有许多想旅游而没有机会出去旅游的人,也不妨买一本来翻翻,一篇篇导游词,也是一篇篇游记散文。有些写得好的导游词本身就具有一定的欣赏价值,你躺着或坐着一边悠悠闲闲地看导游词,一边潇潇洒洒地到宁波各风景点去作一次神游,岂不是优哉游哉!

在《宁波旅游景点导游词》出版之前,主编叫我写几句,我就这么写几句交卷。

《千年月湖》前言

月湖是历史文化名城宁波的明珠，初辟于唐贞观年间（627—649），极盛于宋元祐年间（1086—1093），至今已有一千三百多年历史。

月湖是风光秀丽的水乡，也是人文荟萃的名人故里。"二分烟水空蒙，三月风光媚妩"，四时佳景如画，月湖的景色是美丽的。"湖水之静深，足以洗道心；湖水之澄洁，足以励清节；湖水之霏微，足以悟天机。"智者乐水，月湖多智者，环湖居住过许多政治家、哲学家、文学家、史学家和藏书家，月湖的文化底蕴是深厚的。"并湖甲第，嵯峨尺五，碧瓦朱甍，更仆难数。"不少达官显宦以月湖为避风港、息影处，因此月湖在怡淡自然中又透露出富贵气象。月湖旧有三堤七桥十洲，是明州一大胜地。（上述引文均出自全祖望《湖语》）但这些都属于过去的事了，随着旧中国国势衰落，甬城百业萧索，月湖也就日趋潦落。

国兴万事兴，在中国共产党领导下，在邓小平理论和"三个代表"重要思想指引下，国家强盛了，宁波富起来了，月湖也得到复兴。1998年10月，中共宁波市委、宁波市人民政府，了解民情，吸收民意，爱民之所爱，决定投资六亿元修建月湖。重建后的月湖，十洲美景复苏了，园林布局更吸引人了，人文遗址修整完好了，传统风貌依稀可辨，境界气象焕然一新。芳草茵茵，碧水粼粼，人们在欣赏眼前的美景时总会联想翩翩，想了解曾名耀千秋的老月湖究竟是什么样子，何以月湖能以一曲之水而流芳百世。宁波出版社为满足人们这一要求，在宁波建城一千一百八十周年之际，约徐季子、周冠明两同志合作《千年月湖》一书，以备游客在欣赏月湖风光时，能"思接千载，视通万里"，展开想象的翅膀，超越时空，将过去、现在、未来联系起来，从月湖的传统文化和时代文化的结合点上，看到宁波文化建设更美好的前景。

《千年月湖》由"月湖风物记"、"月湖人物志"、"月湖诗文选"、"月湖宅第考"四部分文字组成。"月湖风物记"详述月湖之历史变迁，三堤七桥、宫观寺院之兴衰，十洲区位的分布，岛屿、汀洲称谓之由来及各洲的特色，并在其中插叙过去月湖的人情物态。借古鉴今，由今思古，使大家对今日的月湖更感亲切。"月湖人物志"撰写在月湖居住过或对月湖有影响的历史人物。月湖极盛于两宋，故月湖名人出于两宋者最多，他们之中有位居极品的宰辅；有丹心耿耿、忧国忧民的谏官；有道德高尚、思理深邃、学识渊博的哲人；有才华横溢、倜傥风流的才士。宁波兴学之风起于北宋庆历年间，而庆历之学首创于西湖；以道德立身，以道德育人，以道德行政的"四明学派"发迹于月湖。文品高雅，学贯古今，精于训诂，讲求实学的《攻愧集》；贯通经史，评论百家，考证历代制度的《困学纪闻》；教育童蒙，修身立德的《三字经》等各著作都出在月湖，月湖之学是"宋学"的重要部分。月湖人才辈出，代有精英，历元、明、清、民国至当代,可传可论的人物众多,本篇只略叙其大端而已。有佳景必有佳句,湖上诗人以诗咏景,借景抒怀,情景交融的名句佳作,难以胜数。钱公辅作《众乐亭》,和诗者有司马光、王安石等名家。刘珵咏《西湖(月湖)十洲诗十首》,舒亶、王亘、陈瓘等各以十首诗相和,将十洲景色写活,将诗人游心写绝,将月湖气派写透。楼钥、吴潜、王应麟、全祖望等一批才德之士,以传世之笔为月湖作传世之文,给月湖增光不少。月湖人物大多是文章高手、诗词名家,据志书所记自宋至今,月湖以文会友、以诗结社的著名会社有二十余家,留下的诗文无法统计,"月湖诗文选"选有姓名可考查的诗文多篇,借此可略知月湖源远流长的文脉。"月湖宅第考"略叙月湖古建筑的概况。月湖的景观不仅有秀丽的自然风光,丰富的文化内涵,还有外形端正、内序井然、风格独特的宁式建筑。湖上胜地有官家府第、豪门别墅、学者书院、名人书楼分居四端,古人说"月湖甲第连云"并非虚言。月湖的人文景观和自然景观珠联璧合,使月湖胜景更具特色,为其他景区所少见。岁月悠悠,许多古建筑大多圮废,改建后的月湖景区内仍保存几幢老房子,实在难能可贵。

  前言简短,只对《千年月湖》作一提纲式的表述,希望读者看了《千年月湖》,了解月湖的昨天后,更有兴趣来领略月湖今天的风姿神韵。

二〇〇〇年十月

《当代茶诗选》序

陆羽《茶经》提到茶能消渴提神、清心明目、解闷去烦、活络四肢、舒通百节，可以和佛门的"醍醐"、仙家的"甘露"抗衡（根据原文意译）。茶的好处多多，"茶为国饮"已经为人所公认。茶是人们日常生活的必需，又是人们精神生活不可或缺的益友，工人清茶一杯解困消乏，商人清茶一杯寻找商机，文人清茶一杯助长文思，各种各样的人都可以从茶中品出各色各样的味道来，就是出家人也要用一杯清茶来清除贪、痴、嗔三毒，赵州和尚"吃茶去"成为禅门不移的话头。人人都有茶缘，而诗人与茶的缘分却特别深特别浓。苏东坡作诗道："戏作小诗君勿笑，从来佳茗似佳人。"在这里，苏轼是将佳茗比作佳人，是诗人爱茶最生动的说法。当然诗人所说的佳人，并非单是指美人，而是诗人想象中美好的形象。诗人爱茶必然要作茶诗，将自己饮茶时的种种感受融入诗中，其中最有代表性的要数唐朝诗人卢仝的《走笔谢孟谏议寄新茶》，"卢仝七碗茶"已成为精于品茶者的专门名词："……碧云引风吹不断，白花浮光凝碗面。一碗喉吻润；两碗破孤闷；三碗搜枯肠,唯有文字五千卷;四碗发轻汗,平生不平事,尽向毛孔散;五碗肌骨轻;六碗通仙灵;七碗吃不得也,唯觉两腋习习清风生。"先见沏茶时的灵动形象,再写茶入口时的感受,喝到三碗文思如泉,喝到四碗胸中的闷气发散出来了,喝到第五第六碗便觉得肌骨爽朗、头脑清醒,到了第七碗心中俗气全消,清风习习,飘飘欲仙。卢仝"七碗茶诗"既真切又迷人,既清醒又浪漫。如果和良朋好友一起喝茶时谈谈陆羽《茶经》,吟吟卢仝茶诗,一定能兴味盎然,忘却世俗的烦恼。

前人的茶诗以古体、律诗、绝句居多,五四以后诗人也有以自由体写茶诗的,但数量不多,眼前却有一部全用新体诗写作的《当代茶诗选》,读之使人耳目一新。诗选选了九十余位诗人的一百五十多篇诗作,新茶诗写得自由,写得爽气,写得生动,也写得深沉。其中写出了四明名茶发现、发育、发展的历史渊源;写出了四明名茶的名色特质;写出了茶人育茶的甘甜辛酸;写出了茶客喝茶的心情世态……诗人们以各自的诗心写诗,各有各的语势气态,内中有不少优美的诗句值得传诵,值得回味。如《四明茶史》的"一斤绝品的茶芽,一万吨的阳光、雨露……",这么开阔的联想,这般豪迈的语势,在茶诗中并不多见。如《四明十二雷》中的"三位姑娘失踪多年/所幸那些细长的茶叶/长满那三座山崖/听不到雷声/却闻到陈年暗香"。当你在品尝"贡茶"的鲜美时,知否?知否?曾有三位采茶女闻惊雷而坠落山崖,清美的茶是多少人血泪所酿。说得太沉重了,饮茶毕竟是件舒心事,请到"清源品茶"吧!"火炉煮沸了/高山清泉/灼灼的心香/把吴歌梵音融进'铁观音'的芳郁"。茶的芳香融合饮茶人的心香,这才是品茶的最高境界。最能辨别茶的滋味的莫过于茶壶,茶壶里面有哲学:"壶中日月并不长／只是壶中滋味／有时候是苦涩／有时候是清香／全由自己选择品尝。"茶壶也满含着哲理啊!

　　诗人感情丰富,重精神生活,而茶是精神活动的催化剂。诗人和茶结缘,茶中有诗,诗中有茶,《当代茶诗选》就是这两者的完美结合。

　　我对诗知之不多,但喜欢喝茶,我只能站在门外,对诗心与茶缘的和谐结合,表示由衷的赞叹!

《甘苦人生》序

熟识赵实践的朋友，都认为他是位朴实、谦和、待人以诚的人。赵实践同志1968年毕业于上海华东政法学院。早年他在宁波地区中级人民法院从事审判工作，曾担任宁波市司法局法制宣传教育处处长，后又专职任宁波市政协社会法制委员会副主任。他又是律师，曾受聘为宁波市人民政府常年法律顾问。他大半生时间和全部精力都用在审判和司法行政工作上。他审理各类民事、刑事案件，精细慎重，讲质量，重效率，颇得当事人好评。他积极开展普法宣传教育，到机关、部队、工厂、学校等单位进行法制宣传教育讲座。他为人谦和，作风踏实，处理问题能审时度势，合法、合情、合理，善于化解各种纠纷和社会矛盾。为此，他获得全国司法行政系统奖励，被中华人民共和国司法部授予"全国司法行政系统先进工作者"称号和奖状。

他人如其名。做人心实、做事踏实、做学问切实，不做违心之事，不发浮夸之言；工作学习重视实践，从实践中求得真知。他名叫实践，人如其名。

他文如其人。这可以从他最近出的《甘苦人生》一书中,得到证实。这本书内容真实,文风朴实,可以说是他家庭、生活、学习、工作以及他所心仪之师友精神的回忆录。文字流畅,明白如话,感受真切,富有人情味。书中虽然没有惊天动地的大事,没有激动人心的情节,没有耀眼的画面,没有华丽的辞藻,只是娓娓道来,却很有吸引力。读者读了上篇,还想看下篇。因为它情真意切,淡而有味。例如,1964年他参加高考时,因其他原因,考俄语时他迟到了。陪考老师见了,十分焦急。后在陪考老师的帮助下,经组织批准,允许他进考场参加俄语笔试。进考场前,陪考老师还叫他不要急,要镇静,并摘下手表,交给他,叫他掌握好写卷的时间。此情此景,显示老师对学生的关爱,能不使人感动吗?又如他早年家境极端贫穷,是含辛茹苦的母亲,还有后来从枪林弹雨中回来的父亲,抚养培育他读完高中,考上了大学。就在他将要赴上海上大学的前一天,他母亲买来一只老母鸡,熬了一碗浓浓的鸡汤,让他当自己的面一口一口喝下去,脸上露出了平常难得见到的幸福微笑。这一情景展示了母亲的爱,能不使人感动吗?再如,有一次他到一深山村去调查案情,回来时迷了路,有位抱着孩子的村妇为他指明去路。走到离村二里路远的三岔路口,正在犹豫彷徨时,回头看见那位妇女还站在村路口望着他,向他举起右臂为他指明方向。这种山村村民的淳朴热情以及山村妇女对陌生路人的关心,能不让人感动吗?赵实践同志用朴素而真诚的文笔来叙述生活中的际遇,表达他内心的感受。《甘苦人生》文如其人。

在人生历程中各人有各人的境况,各人有各人的甘苦,尽管各人对甘苦感受不同,但生活中有甘有苦,可以说是共同的。如果一个人只有苦,没有甘,苦日子难熬,人就难以生存了。所以,人在苦中总希望"苦尽甘来",并为此而努力奋斗。如果一个人只有甘没有苦,生活在蜜糖罐里,他的精神必然是空虚的。而精神空虚,则比苦更苦。生活是多样化的,人生有甘有苦,才有所追求,有所作为。甘中有苦,苦尽甘来,是生活的辩证法。

赵实践同志的《甘苦人生》所描述的方方面面,都是他自己的境况,自己的思想感情。他说他是写给自己和亲友们看的,不向外流传,这怕办不到。因为这书已经出了,它已经不是私人笔记,而是社会的精神产品了。有人要看,只好让他看,而且让别人看了,只会给别人带来启迪,引发共鸣。因为《甘苦人生》内容是真实的,感情是真诚的,作品元素是健康的,让各人的甘苦和书中的甘苦参照对比,从中来体味生活的辩证法,岂非好事?

二〇一三年十一月六日

《戚天法剧作选》序

戚天法同志的剧作选即将由中国戏剧出版社出版,他约我写序,使我感到为难,一则我曾为他的长篇小说《山乡巨澜》作过序,一人为同一作家的两本书作序,是越礼之举,实不敢当;二则近几年我读剧本很少,摸不准戏曲创作的门道,提不出中肯意见。但是我又觉得戚天法同志待人热情,写作勤奋,为宁波文艺事业贡献殊多,我不能拂他美意,于是就答应了。

通读《戚天法剧作选》后,有三点感受:一、作者运用传统题材,有新的创作思维;二、所选剧目大都富于传奇色彩,可读性强,有舞台吸引力;三、他深入民间,广征博采,剧目大都就地取材。

作品题材的选择、提炼是由作者的生活基础和创作指导思想决定的,反映现实生活的作品如此,挖掘传统题材的新内涵也是如此。同一题材,不同作者可以赋以不同的艺术生命,如千古传颂的梁山伯与祝英台的故事,不同时代、不同作者改编的主导思想不同,因此产生的艺术形象和主题思想也就不同。有的从等级门第观念着眼,认为梁祝的悲剧是由封建门阀制度造成的;有的则从宿命论思想出发,认为梁祝恋情有因无缘,是因果轮回中的劫难(这是梁祝故事演绎中最消极有害的思想)。新中国成立后,梁祝故事的改编者以积极浪漫主义思想为主导,揭示了梁祝的反封建抗命运的内在精神,歌颂了生死不渝的坚贞爱情,使梁祝成为感人肺腑的不朽名剧。戚天法同志也是以积极浪漫主义的创作思维来整理改编传统题材的,他对《孟姜女》的改编,就是成功的范例。"孟姜女寻夫"、"孟姜女哭长城"是代代相传的故事,通常都是以孟姜女的悲惨遭遇来控诉秦王嬴政的暴虐。戚天法同志改编的《孟姜女》站在历史的高度,从民族整体利益来认识秦始皇为统一中国,建造了浩大的军事防御工程,并由此而创造了人间的奇迹。一方面揭示了万里长城是无数劳动人民的白骨叠成的,渗透了无数劳动人民的血汗;同时也充分展示了中华各族人民大无畏的民族精神,由此"从人生、道德的评判角度表现普通人对整体利益的心理状态和道德标准,来探讨人生的意义与价值",提炼出"长城者,众志也","众志成城"的主题。作者把"千古一帝"秦始皇和善良、勇敢的孟姜女放在同等地位来评价,没有秦始皇的统一中国,没有无数个孟姜女和她们的男人们捐躯奉献,中华文化重要标志的万里长城是建造不起来的,作者赋传统题材以新意识的精神,值得赞扬。

"无巧不成书,无奇不出戏",戚天法写戏往往能以奇取胜,《戚天法剧作选》中的戏,差不多都带有"奇"的色彩。《琥珀泪》落难王子与乞丐姑娘生死相随的爱情悲剧是奇;《桃花梦》状元骗婚是奇;《血指奇缘》尚书女儿两次断指拒婚是奇;《宝砚记》刘崇德驸马逃婚、矢志钟情于草帽姑娘是奇;《洪涛奇情》治水功臣,鄞县县令王元旸,历经生死奇遇,终于完成治水大业是奇……戚天法写戏擅长用奇，虽然有时使人感到矫情造作，但大多数却是入情入理的，如《琥珀泪》写皇帝与宫女珠胎暗结，生下一子，遭到皇后嫉恨，宫女只好携子逃出宫闱，改姓换名隐藏于民间。十九年后皇帝老病无嗣，遂颁诏全国，以前所赐给宫女的"双蝶琥珀"为凭证，"代天寻子"。几经曲折，几度波澜，演绎出一出出求婚拒婚的悲喜剧。《琥珀泪》故事虽纯属虚构，但在虚构的故事中，隐寓着一个严肃的主题：婚姻的基础是爱情还是权势和金钱？丞相、国舅、知府的女儿争着要与王子结亲，无非想借联姻来扩大自己的权势。皇帝认子以后，为子择婚时也摆脱不了权势婚姻观念的束缚，结果这种权势婚姻观断送了一对青年纯洁的爱情和白璧无瑕的生命。恩格斯曾说过："当事人双方的相互爱慕应当高于其他一切而成为婚姻基础的事情，在统治阶级的实践中是自古以来都没有的，至多只是在浪漫事迹中，或者在不受重视的被压迫阶级中，才有这样的事情。"(《家庭私有制和国家的起源》) 戚天法同志写《琥珀泪》的结局，立意是高的。用传奇来表达严肃的主题在中国戏剧史上不乏其例，如《牡丹亭》、《长生殿》、《桃花扇》等都是，希望戚天法同志能以更高的涵养来写好"传奇"。

　　就地取材是戚天法同志戏剧创作的另一大特色。这本剧作选中八出戏，一半以上的题材取自宁波。有的是本地的历史故事，如《洪涛奇情》取自建造它山堰的事迹；《项女断指》借题于慈溪奸官赵文华的传说；《宝砚记》取自鄞县的民间故事；《四明传奇》反映的是浙东革命斗争的故事。一方水土养一方人，每位作家都有各自的创作基地，扎根深枝叶茂结果甜，戚天法创作道路值得肯定。不过就地取材并不是将视野只局限于本地，创作思路的开拓、创作题材的选择、主题思想的提炼、艺术形象的塑造，要有更大的概括性,更深的透视力,更高的思想境界。

"千里之行,始于足下",戚天法同志正处于创作成熟之年,希望他能拿出更多的精品来。

二〇〇〇年十月二日

《黄土情》序

李振声同志出生在上海,后随母内迁,在宁夏工作多年,对大西北黄土高原怀有深情。今虽调回南方工作,但仍时时眷恋着六盘山上的高峰,怀恋着固原林区纯朴浑厚的风土人情。《黄土情》大部分文章就记录着作者这份宝贵的感情。

《黄土情》是本散文集,但不是纯文学性质的散文,而是古人称之为"笔"("有韵为文,无韵为笔")的广义的散文。其中有抒情性的散文,如《六盘山日出》、《黄山云雾》、《读树》、《龙潭寻雨》等;也有议论性的散文,如《答案》、《在长征纪念亭前》等;还有报道性的散文,如《魂系青山》、《他们,使绿色明珠闪光》、《稷的传人》等;尚有人物特写式的散文,如《心碑》、《能这样称呼你吗,先生》、《煤球阿三》、《奔向光明》、《一个回回的心愿》等。这些散文可读性较强,因为作者的写作感情既真实又细腻,他将江南水乡人的柔情和黄土高原人的豪情,交融在一起,形成了这本散文集的艺术特色。

集中大部分文章写在二十世纪八十年代和九十年代初。

八十年代是伟大的年代，是我国经济开始腾飞的年代，是人民生活日趋美好的年代，也正是作者风华正茂的年代，他对建设有中国特色社会主义怀有神圣的使命感。作者又是刚从"十年动乱"中走过来的人，对这段历史必然有他沉重的回忆，书中不少文章是这段时间里苦难生活的记录。"平和之音淡薄，而愁思之声要眇，欢快之辞难工，而穷苦之言易好"。（韩愈《荆谭唱和诗序》）《黄土情》抒发的是作者对黄土高原和革命老区红土地带的深情，这深情既含有对苦难年月凄楚的回忆，也含有对使贫瘠的黄土地变成绿色明珠的奉献者精神的赞美。书中虽有不少"愁思之声"、"穷苦之言"，但读了使人感动，而不令人感伤。

这是我读《黄土情》后要说的话。

一九九七年六月三日

《杂碎集》序

吕萍同志是位喜读书、爱思考、勤写作的人，人们常可在各类报刊上看到他的短文。这次他将历年写的文章结集出版，要我写篇序。明知写序是件难事，但情意难却，只好勉为其难了。

吕萍同志长期在中学、大学教语文，是一位很出色的语文教师。要教好语文必须有多方面的知识，因为语文课文内容涉及面很广，以文体论，有散文、论文、诗歌等；以时限论，上下古今都有；以内容论，则文、史、哲、人、情、物，无所不包。语文教师除了必须具备语言文字的基本功外，还得要有多方面的知识修养，所以人们称语文教师为"杂家"，吕萍自己也素以杂家自居。同时他又是一位遇事善感，富有情感的知识分子。他社会阅历多，感触也多，感触多了，杂感式的文字也就多了，日积月累就形成一本厚厚的杂感集。他将这本集子取名为《杂碎集》，杂，大概是指文字内容涉及面多而广；碎，大概是指集中的文章短小灵活，碎而细。当然其中含有他自谦之意。

《杂碎集》由"世象之摄"、"晚晴之歌"、"青春之辞"、"抒怀之章"四部分组成。所谓"世象之摄"是说作者在现实生活中的种种感受,题意借用佛经《起信论》所谓"是心即摄一切世间出世间法",佛教将世间万象及精神范畴统称为"法"。吕萍当然不是借此来"现身说法",而是借事论理引喻连类的感慨之作,寓有褒善贬恶,赞美斥丑,激浊扬清的精神。"晚晴之歌"、"青春之辞"含意明白,是"天意怜幽草,人间重晚晴"诗意的转化,表达了作者"老吾老以及人之老,幼吾幼以及人之幼"的情怀。"抒怀之章"是作者思亲忆旧,怀故恋新的抒情之作。

综览全文可以用"文杂而意一"一句话来概括。所谓文杂,已见上文,不用多说;所谓意一,指集中的文字虽缤纷多彩,但无不"一意以摄之"。"一意以摄之"此言出自苏东坡。苏东坡教王庠读书要心无旁骛,"一意以求之";苏东坡教葛延之作文要"一意以摄之",作文先要立意,意是文的主脑,"不得意不可以用事"。人们称好文章为"得意之作",不是说写了一篇文章就洋洋得意,而是指作者作文先在心中立意,文章写就契合其意,此方为"得意之作",所以作文要"一意以摄之"。《杂碎集》文字大都是作者率性随意之作,意到笔到,笔到情到,内容虽杂但能"一意以摄之",因此每篇文章都能看出作者的性情本色来。"博见为馈贫之粮,贯一为拯乱之药,博而能一,亦有助乎心力。"(《文心雕龙·神思》)《杂碎集》文章杂而不乱,可说是近乎"博而能一"了。

也许是由于边看《杂碎集》边写这篇短文,文风无意中受到感染,名曰序实则成杂感了。

《山乡巨澜》序

当戚天法同志送来《山乡巨澜》的书稿清样时,我手边有别的事,只准备粗粗翻阅一下,不料一看却放不下手了,饶有兴味地一口气读完了这部二十多万字的长篇小说。

这是一部描绘风景秀丽却十分贫困的山乡人民,在改革大潮中艰苦创业、脱贫致富的小说。故事情节是很吸引人的,作者将中心人物置于经济发展与爱情纠葛的复杂环境中,将发展农村经济两种思想的斗争和缠绵悱恻的爱情关系交织在一起。既反映了落后山区在改革浪潮冲击下所激起的巨澜,又表现了在修竹湖特殊环境中滋长起来的多灾多难的恋情。书中所描写的爱情有时如平静湖面的碧波,有时如风浪骤起的洪涛。书中写了三个女子同爱一个男子,但她们各怀情愫:寡妇、厂长冯玉珠爱傅如春,希望他能作为自己事业的依靠;青年女画家朱修鹃爱傅如春,欣赏他脑袋的聪明和心灵的优美;老支书女儿王寨花爱傅如春,是青梅竹马时种下的情结,由于生活的拨弄,使得这对恋人爱之愈深却离之愈远。如果这三个女性的爱情,只是一对一的关系,谁都高兴他们缔结美满良缘,但是生活并不都是很如意的。爱情并不总是幸福的,更多的爱情往往和悲剧连在一起。傅如春对她们虽然都怀有深浅不同的爱,但更使他贴心的却是修竹湖。他身心倾注于修竹湖的开发,他希望修竹湖尽早富裕起来,更加美丽起来,他恋着修竹湖,他的爱情乃至生命都是和修竹湖紧密相联的。三女恋一男本是才子佳人式故事的俗套,但作者所展示的主人公的爱情不是缠绵在两性关系上,而是置于山村建设和斗争中,因此这一爱情故事的发生、发展就有了广阔的时代背景和深刻的思想内涵。

邓小平同志关于建设有中国特色的社会主义思想,激发了农村经济的迅猛发展,特别是改革开放的有利因素,更给农村经济发展带来极好的机遇,乡镇企业如雨后春笋般的兴起,大大改变了中国农村贫困落后的面貌。现在全世界都在赞叹中国改革开放的伟大成就和乡镇企业在经济发展中的重要作用。但同时也必须看到农村经济发展的道路是不平坦的,当前又面临许多错综复杂的问题,要使农村经济能在新形势下有进一步发展,回顾乡镇企业所经历的艰苦困难的岁月和带头人的创业献身精神是很有必要的。戚天法同志的《山乡巨澜》中反映的这一伟大历史事件是极有意义的。小说通过主人公傅如春领头的一伙有志青年和勤劳农民,含辛茹苦,克服重重困难,战胜保守势力,利用山乡自然资源优势,创办起乡镇企业的艰难历程,匠心独运地表现了山里人的旧恩怨和新思维。这是一部既贴近现实生活,又富于传奇色彩的小说,可说是戚天法同志继《四明传奇》、《东海传奇》之后又一部既有思想性又有艺术性的传奇式佳作。

戚天法同志是位勤奋的多产作家,他一连串地发表了小说、戏剧和影视剧本,是一位文艺界的多面手,他善于用曲折回环的小说描述手法来丰富戏剧的情节,又擅长用戏剧性的矛盾、突变性的结构技巧来增强小说的吸引力。《山乡巨澜》情节发展曲折奇离、摇曳多姿;文字安排跌宕腾挪、悬念迭起,很多方面吸取了戏剧的艺术方法。记得苏轼曾说过:"物一理也,通其意,则无适而不可。"意思是说任何事物,在物物之间都有相通的道理,只要能把握内在的规律,是可以互相融会、左右逢源的。戚天法小说的戏剧性和戏剧的小说化,正和苏轼这一观点相吻合。《山乡巨澜》中的"寡妇索夫"、"奇怪的盗贼"、"三女探郎"、"血疑"、"夜访净土庵"和"浓雾父子情"等章节,都娴熟地运用了戏剧艺术的表现手法。

也许由于戚天法同志创作时过于注重戏剧技巧的运用,着眼于故事情节的生动,而对小说中人物性格的塑造和精神世界的开掘,相比起来,用力嫌少。如果天法同志在重视故事传奇性的同时,对人物性格的刻画也能花更多的力气,那么这部长篇小说的艺术境界必然会更高。

《迷人的杨梅王国》序

一方乡土孕育一方风情,一方风情形成一方人情。不论是南方人还是北方人,不论是山里人还是海边人,也不论是城里人还是乡里人,人们总是对自己家乡的风土人情,有一种难以言说的怀恋之情,而且离家越远对乡土的恋情越厚,年纪越大对家乡的怀念越深,不管过去岁月留给他的是苦是甜,他所尝过的种种味道都会激起对家乡无穷的回忆。

一个生活经历丰富的人,他脑库储藏着很多东西,但到了一定年龄他脑子里储藏的东西越多,被遗忘的东西也可能越多,而独独对早年生活的记忆却觉得既清晰又亲切。一幢普普通通的老屋,一条弯弯曲曲的小河,门前的菜畦,门后的竹林,走不完的小路,望不尽的山坡,都叫人忘不了,如果中间伴随着一串串生活小故事,那回味起来更是有滋有味了。人们爱看记述乡土风情的书,其缘由怕就在于此吧。

陈伟权同志的《迷人的杨梅王国》是一本记述乡土风情的书,他熟悉的地方,以产优质杨梅闻名于世,而更值得他骄傲的是那里绵延着优秀的民族文化传统,是浙东著名的文献名邦,在古代、在近代、在现代,都出过著名人物,他们的伟业载入中华民族的文化史册。如果将历史再拉近些,"杨梅王国"还留下过许许多多革命者的足迹和血迹,他们的英雄业绩,深深地印刻在青少年心中,哺育着一代又一代新人的成长。从这一意义上说,《迷人的杨梅王国》不仅是一本记述乡土风情的书,它还有更丰富的内涵。我很难用几句话来概括这是一本什么样的书,但是我可以说——这是一本记述美丽的风土、纯朴的乡情,既富有生活情趣,又具有精神美的好书。

联结历史文化和现代文明的桥梁

——《宁波通史》首发式上的发言

在中共宁波市委和宁波市政府的领导和关心下，由中共宁波市委宣传部主持，请当代著名学者傅璇琮先生主编，宁波教育界、史学界几位专家共同编著的《宁波通史》经过五年多时间的不懈努力，已经由宁波出版社正式出版了。面对五大本《宁波通史》，作为长期在宁波工作、生活的老宁波人，我感到由衷的高兴和感佩。在首发式上我想谈两点看法。

一、《宁波通史》继承发扬了浙东史学的优良传统，集浙东史学的大成，是一部具有爱国主义精神和民本思想的优秀的地方史。

宁波历史悠久，河姆渡遗址的发现，说明宁波的远祖早在七千多年前就已经生活在四明大地上了。从秦王朝建郡县制，立鄮县于东海之滨起已有2200多年了；从唐玄宗时合鄮、鄞、句章等县为明州，并以明州为通海港口起，也有1200多年历史了。宁波历代都重视地方志的编纂，素有方志之乡的美誉，著名的《宋元四明六志》，清同治、光绪期间编的《鄞县志》，民国时期编的《鄞县志》以及当代的《宁波市志》都是有影响的志书，这许多志书都为

《宁波通史》的编著提供了内容丰富、翔实可信的史料。

我们更要看到,在中国历史上有较大影响的"浙东史学"发源地就在宁波,由黄宗羲首创,由万斯同、章学诚、邵晋涵等史学家发扬,由全祖望集大成的浙东史学派倡议"经世致用",历史当运用于当世、民为邦本的史学思想,在学术思想界影响极大。中国最早的几部学术史如《明儒学案》《宋元学案》原创地也在四明,这一切都为《宁波通史》的编著提供了有价值的参考和思想依据。说明《宁波通史》编著的先天条件是良好的。

傅璇琮先生和参与编写的几位专家学者,本着时代精神与文化传统相结合的精神,及求真务实的唯物史观,花大力气、用真功夫,对历史的重点、难点、疑点作了认真的考证、研究,从立大纲到文字符号的运用都作了仔细的推敲。因此,我们可以说,《宁波通史》是一部内容丰富、可信度强的地方史。

二、《宁波通史》贯通了宁波海洋文化、宁波商贸文化、浙东学术文化宁波三大主流文化及其相互影响的脉络,是一部既有共性也有个性,有地方特色的地方史。

宁波靠山面海,陆域平坦,三江环抱,土地肥沃,气候宜人,自然条件较好,在农耕经济发育较早的基础上,发展了海洋文化。唐玄宗时建明州,并设市舶司于明州,经营对外贸易并兼管外事,这是中国开始对外贸易的始发点之一;宋时原设两浙市舶务于杭州,后移至明州,当时日本、高丽等地来中国从事商务活动都由市舶务管理,至今高丽使馆的遗址仍在;元朝改明州为庆元府,仍然是海上贸易的重要港口,同时将上海、澉浦(今海盐县南)等地市舶司归庆元市舶提举司管辖。说明宁波是中国海洋文化发展较早的地区,同时也说明,海洋文化可以说是促使以后宁波经济文化发展的基因。

　　明朝初年，因倭寇屡屡在沿海侵扰，洪武二年（1369）明太祖下令禁止通藩下海，但只禁中国船只出海，不禁外国船只进港。到了明代中叶，因东洋船来中国贸易发生争贡事件（相互争夺市场），影响浙江沿海的安宁，嘉靖时下令停止市舶，撤销宁波市舶司，封闭港口，一律不准外船进港。官商贸易停止，但民间商贸活动却由此而活跃起来，据志书记载，"吾甬滨海建郡，辟为商场，生斯土者，皆注意商业，自顺治康熙年间海禁弛，已冒险交通百余年来，益奔走驰逐，自二十行省至东南洋群岛，凡商贾所萃，皆有甬人之车辙马迹焉"，早就有了"无宁不成市"的说法。鸦片战争后，宁波被辟为五个通商口岸之一，洋货占领市场，白银滚滚外流，民族工商业经营困难，必须向外寻找商机，开拓市场。而上海开埠后具有的独特区位优势，促使宁波工商业者竞向上海谋求生计。他们先聚集于上海，后又从上海向内地和海外开拓。甬商在各地惨淡经营，奋力拼搏，同乡间互相帮助，行业做大了，逐渐形成了"宁波帮"。宁波帮是有文化特色的商帮，他们机智灵活、克勤克俭，有勇于开拓进取的创业精神；他们重乡情乡谊，有兼爱互利、团结互助的乡帮协作精神；他们有长期商贸活动的经验，逐渐形成讲实际、谋实利、求实惠的务本求实思想。宁波的商贸文化是与较早形成的海洋经济分不开的。

　　宁波的学术文化始兴于宋，特别到了南宋，明州是半壁江山的经济文化重镇，出过不少宰相、尚书、侍郎等高官，也产生了许多名流学者和思想家。南宋可以说是浙东学术文化的开创时期。孔孟儒学发展到南宋，形成了以朱熹为代表的"理学"和以陆九渊为代表的"心学"两大学派，四明地区由于杨简、袁燮、舒璘、沈焕"四明四先生"倡导心学,心学成了四明地区的文化主流。心学强调养心是人之大本,尊德性是立身之道,认为百姓日用即是道,"德贵在行",重视道德的实践精神。到了明代,王阳明进一步发展了陆氏心学,后人称为"陆王心学",是浙东最有代表性的思想派别。王阳明倡导"致良知"和"知行合一",要人们是非分明,去恶从善,并且要知而能行,即知即行,知行合一,尊德性,重实践,这是对程朱理学重理轻行、重先验轻实践思想的批判和修正。王阳明发展了心学,同时也促使心学向实学转化。黄宗羲进一步发展了王学,提倡经世致用,对腐朽的封建制度进行全面的批判,他认为要传孔子之道,必须切实笃行,在经济思想上反对封建主义的轻商思想,提出"工商皆本"。黄宗羲是民主主义的启蒙思想家,民主革命先驱孙中山先生、谭嗣同等都受过他的思想影响。

　　浙东学术文化和宁波商贸文化都有过辉煌的历史,两者同时出现在四明大地上,互相不可能不受影响。历来善于经商的宁波工商业者都是务本求实、勇于开拓创业的实践家,他们长期形成的务实思想,无形中影响着宁波人的思维方式。浙东学派一个很大的特点就是在学术思想上要求真务实,主张在行为实践上下功夫,这与宁波商贸文化的影响不无关系。同时,我们也看到宁波帮的商业智慧也受到浙东文化传统的影响,宁波商人常说"做生意要讲良心""经商要以诚信为本"。显然,这种商务道德同浙东文化影响有密切关系。宁波商贸文化以务实精神影响浙东文化,浙东文化以诚信、尊德、重义思想影响宁波商人,两者相济相成,使甬帮商人有较高的商业智慧和良好的商业信誉,这是"宁波帮"能不败不衰的历史原因。

　　《宁波通史》综述了宁波商贸经济与浙东文化的历史概况,又揭示了经济与文化相互影响、相互促进的历史经验,这是对宁波经济文化建设的一大贡献,也是《宁波通史》的一大特色。

前后近五年时间建成的杭州湾跨海大桥,大大缩短了宁波与上海的距离,有力地促进了长江三角洲地带,尤其是宁波社会经济文化的发展,运营20个月来效益非常明显。同样,前后近五年时间编著完成的《宁波通史》是贯通几千年历史的另一类型的大桥,是将宁波的传统文化与现代文明连接起来的精神桥梁。我们在为宁波悠久历史而自豪的同时,也增强了我们将宁波建设成为社会主义现代化国际港口城市的历史责任感。我们要开创历史新篇章,我们要比先人们作更大更多更好的努力。

一部有深度的宁波人物记

——《群星灿烂》读后感

"四明自古多才俊",现代更是群星灿烂,涌现了许多著名人物,在政治、经济、文化等领域各领风骚,创造了出色的业绩。如果将他们的创业经过、心路历程、精神境界,用文字表达出来,是很有意义的。最近《宁波日报》正在开展关于"宁波精神"的讨论,我想宁波精神应该是宁波人民在生活、学习、劳动中,在物质财富和精神财富的创造活动中,在改造客观世界同时改造主观世界的历史长河中逐步形成的,它既是时代精神的概括,又具体体现在人们的日常生活之中。越是有代表性的人物,越能体现这一地区的地域精神,如果能将代表性人物的精神世界展示出来,定能加深人们对宁波精神的了解。宁波市政协文史资料委员会最近编集出版了文史系列丛书《群星灿烂》上、中、下三集,分别记叙现当代宁波籍政坛名人、商海巨子、文化群星。对这许多宁波籍名人的了解,将有助于我们对宁波精神的认识。

三集《群星灿烂》卷帙浩繁,本文难以全面涉及,仅以"文化群星"一集,谈点个人看法。"文化群星"中记叙了 15 位宁波籍文化名人,其中有科学家、教育家、经济学家、史学家、文学艺术家。他们的智慧才识令人羡慕,他们的品格情操令人赞叹,他们一心一意为中华民族的振兴而献身的精神令人敬仰。下面归纳三点加以叙说。

一、真知卓识、坚忍不拔的创造精神。

书中所记童第周、贝时璋、谈家桢、翁文波、戴传曾五位院士,真知卓识和坚忍不拔的创造精神是他们成为卓越科学家的重要因素。作为20世纪90年代世界百位最优秀的科学家之一,童第周早在20世纪60年代就将人类对生物进化和细胞遗传与变异的研究推进到世界生物科学的前列,首先提出人类可以按照需要,人工培育新物种的科学论断,并通过实验培养出令世人惊异的变种鱼——"童鱼",证实了他论断的科学性。细胞生物学家贝时璋,创见性地提出细胞解体和细胞重建学说,推进了深层次的细胞研究。他还开创了我国放射生物学和宇宙生物学研究,奠定了我国发展生物物理学的基础。遗传学家谈家桢怀着"科学救国"的远大理想,坚持真理,力排异议,将遗传学原理用来为提高中国人的人体素质服务。他的分子遗传学作为攀登生命科学高层次的研究,促进了我国分子生物学的发展。被称为"中国地球物理勘探之父"的翁文波,是我国最早研究石油地质、预测我国油气远景的专家之一。翁文波对中国石油资源的发现有很大贡献,他的《世界油田的分布规律》《我国十年来的石油天然气的地球物理勘探方法》《地球形态的发展》等一系列研究成果,为大庆油田的开发奠定了理论基础。他还以"醉汉游走"这一古老的数学课题,科学地引申出地震预测的方法,在"无序"中找出规律,使我国的天灾预测研究取得突破性的进展。核科学家戴传曾是位富于开拓创新的核能专家。1981年他就向全国政协提出和平利用核能,尽早发展核电的意见和建议,发表了《发展核电是我国当务之急》的文章。他还未雨绸缪地提出发展核能必须将安全放在首位,开创了我国核电安全研究的新领域。这几位令人尊敬的科学家们渊博的知识、高超的智慧、坚忍不拔的意志、敢为人先的创造精神,我们要吸纳到宁波精神中来,这是阿拉宁波人的光荣。

二、正气浩然,身体力行的爱国思想。

我们以有宁波籍的杰出科学家为荣,同样以有爱国的文学艺术家、经济学家为荣。革命作家柔石、殷夫,在黑暗势力统治下,为迎接新中国黎明的来临而战斗、呼喊,大义凛然地献出年轻的生命,同时给人民留下不朽的作品,以鲜血和精神成果来激励革命后来人。新中国电影事业开拓者袁牧之创作并主演的《桃李劫》《风云儿女》等进步影片,鼓舞了许多热血青年高唱《毕业歌》《义勇军进行曲》走向民族解放的战场。著名的经济学家蒋学模,孜孜不倦地研究中国社会经济发展的规律,提出了许多有创见性的经济思想。中国信息经济学创始人乌家培,将数学研究和经济学研究结合起来,发表了富有创见的《谈谈经济数学方法》《在经济学中利用数学方法的两重任务》等著名论文和调查报告《发展经济预测和政策分析》以及专著《经济数量分析概论》。这几位文学艺术家和经济学家,虽然他们的专业不同,但都是一身正气,满腔热情,为祖国强盛贡献一生的人。

三、博学深思、明辨求真的笃实学风。

哲学家冯定、党史学家胡华、唐宋文学专家傅璇琮,都是著作等身、造诣很深的学者。冯定是人格、智慧、学识三者皆优的马克思主义哲学家。他是善于将深奥的哲学理论和生理学、心理学、教育学、社会学、政治学相联系，用通俗易懂的语言，写出精妙绝伦的"哲学短论"的高手。他的名作《平凡的真理》一书，鲜明而准确地阐明了马克思主义哲学的真理，在社会上产生了广泛而深远的影响。中共党史专家胡华早年向往革命，曾有从奉化到延安中途步行700里的壮举。他的专著《中国新民主主义革命史》是新中国第一部以马列主义、毛泽东思想为指导编著的中国现代革命史，是广大干部和青年学生的必读书。唐宋文学研究专家傅璇琮是笃实做学问，读书、编书、写书勤奋的学者，他的专著《唐代诗人丛考》《李德裕年谱》出版后就得到高度评价。傅璇琮为宁波出版社主编的《中国藏书通史》使宁波出版的书第一次获得了国家级图书奖项——中国图书奖。宁波学者博学深思、明辨求真的笃实学风，也可以说是浙东学派崇实致用学风的继承和发展。

秋水文章　史传笔法

——读《柔石二十章》

二十年前我曾读到杨东标的《柔石传》,感受颇深。不过以五万字篇幅来表述柔石烈士多难而光辉的一生,总觉得意犹未尽。时隔二十余年,在柔石诞生一百周年前夕,东标同志又献上《柔石二十章》,一部以新面貌出现的不叫传记的传记,它是《柔石传》的延续和深化。如果将两书并读,可以看出东标同志的新作是在拥有更丰富的史料的基础上,并在更广阔的视点上写出来的。如果将《柔石传》比作一幅描绘清晰的素描,那么《柔石二十章》则是一座富有渗透性和立体感的雕像,使我们能更深入地认识柔石,更具体地感受柔石烈士的崇高精神和人格魅力。

《柔石二十章》每一章都有感人之处,本文只谈三点个人看法。

一是《柔石二十章》的真实性。真实性是传记文学的生命,传记记叙传主的事迹要真实,表达传主的思想感情要真实,描写传主的生活细节也要真实,只有真实才有感召力和说服力。《二十章》可读性强,由于它真实度高,它所反映的柔石烈士的思想发展历程是真实的，它所展示的革命作家的感情世界是真实的，作者"心中总有一股滚烫的东西在滚动"的创作激情是真实的。作者敬爱柔石，但是不为"贤者讳"，他写传主光辉的一生，但并不回避传主思想感情的矛盾，例如他既记述了柔石早年"教育救国"的思想，同时也反映了柔石对做小学教师的厌烦情绪。类似的矛盾在柔石的爱情、婚姻、家庭生活中也有反映，这不但无损于柔石烈士的整体形象，反而更使读者感到柔石是一位真实可敬的人。

二是《二十章》书写了现代文学史上厚实的一笔。《左联杂谈》是《二十章》中重要的一章。"结识鲁迅，参加左联，光荣入党，是柔石人生道路重大转折的三大步。"1928年，柔石由鲁迅在厦门大学的两位老学生引见，结识了鲁迅。柔石的人品得到鲁迅和许广平的称赞，鲁迅认为柔石"无论从旧道德从新道德，只要是损己利人的，他就挑选上，自己背起来"，是一位可以托他办事的人。此后柔石与鲁迅的关系日趋密切，"与鲁迅先生在一起，是柔石新生命的开始，仿佛是一块冰，融入了热水之中。柔石心中频年所积的阴郁之气，逐步消化了"。

20世纪20年代末，潘汉年受周恩来等党中央领导指示，解决关于无产阶级革命文学问题的论争。潘汉年设法找到鲁迅，听取鲁迅的意见。潘汉年与鲁迅之间的联系人是冯雪峰，而冯雪峰又是通过柔石才结识鲁迅的。冯雪峰和柔石原是"浙一师"的同学，后来冯又是柔石的入党介绍人，由于柔石的沟通，冯雪峰成了党和鲁迅之间的直接联系人，两人都成了鲁迅的亲密战友。"中国左翼作家联盟"终于在1930年3月成立了。因为有冯雪峰为纽带，潘汉年能在困难复杂的环境中顺利地联系上鲁迅。《二十章》为这段历史提供了鲜为人知的细节。

三是《二十章》是系列史传散文。各章既单独成篇又相互联系，文笔流畅，辞采优美，感情真挚，笔墨洗练、准确，堪称秋水文章。作为散文和传记的结合，《二十章》在一定程度上继承了我国古代史传散文的优良传统。以《龙华桃花》一章为例来看吧，这是作者情思最为凝练的一章，他将悼念、悲愤、激励多种感情融合在诗一般的语言中。他在烈士墓前写道："终于找到了墓地……墓静静的，我也把脚步放得缓缓的，轻轻的。我把一束鲜花端端正正安放在墓前，深深地鞠了躬，天空蓝在头顶，草坪绿在墓侧，周围是一片繁红艳紫。星移斗转，换了人间。你们是有知也无知？"这难道不是一篇含意隽永，引人深思的散文吗？

《周时奋文存》出版感言

周时奋君是位博学多才学者型的作家,生前著有文学作品及学术专著四十余部,近千万字,知识领域开阔,遍及文学、美学、史学、方志学、建筑学、金融学等方面,尤其对浙东文化、四明文献、地方掌故、宁波方言,钻研更深,每叙一事就能写出一篇说古论今、雅俗共赏的好文章来,拥有众多读者。

在他去世一周年之际,其妻周序珊女士和他生前友好,又将他以前未曾出版的《故土家园》《铺陈文明》《中国最空间》《书头篇尾》等专著和散文集,合成十二册,总名为《周时奋文存》,由上海社会科学院出版社出版,全方位地反映了周时奋的渊博知识和文化精神,是很有意义的事。由此我联想到伟大的中华文化是由众多的地域文化汇合而成,而地域文化又是由许多人民大众,有名的、无名的文化人辛苦耕耘而成。《周时奋文存》就是浙东地域文化的代表之作。为之,我们希望我市城乡各地能否提供条件,将许多有价值的至今还默默无闻的文化成品发掘出来、展示出来,使我们文化大市的文化内涵更加充实、完美。

《文学港》百期之喜

宁波原有《宁波文艺》一刊,篇幅不大,发行量不多,但由于宁波文艺界同仁关心,也曾为宁波文艺园地增添过一丝绿意。1984年,为适应宁波改革开放后经济、文化发展的需要,《宁波文艺》改版为双月刊《文学港》。改刊以后,版面增多了,作者队伍扩大了,编辑力量加强了,《文学港》越办越有生气,影响面也越来越大,目前已成为在国内外公开发行的文学刊物。改刊以来的《文学港》已出了一百期,发表了不少好作品,为宁波培养了一批很有希望的文学人才,其中的佼佼者已成为国内有名气的作家了。我是文艺爱好者,感受宁波文艺气氛的变化,已逾半个世纪,说句"卖老"的话,我是看着《文学港》诞生、成长的,我为《文学港》发展庆贺,也为《文学港》坚持"纯文学"道路高兴。我们看到有些原本办得很不错的文学刊物,为了适应买方市场,迎合一部分读者口味,改成综合性乃至商品型的读物。自然他们都有各自的苦衷,我们不可妄加非议,但是我要为能在艰难的情况下坚持走"纯文学"之路的《文学港》喝彩,向《文学港》的编委和编辑同志致敬。

文学原本是纯的,外加一个"纯"字实在没有必要,不过由于认真从事文学创作的人少了,爱耍花点子的人多了,名为写文学作品,实是在做广告,包装自己,因此文学在一部分人中声望低了。为正视听,在严肃的文学前面就要加上一个"纯"字,这也是一种时尚话语吧。

"文学是人学",这话曾引起过争议,现在提的人少了。但是文学毕竟是和人密切相联的,文学反映人的生活,抒发人的感情,揭示人的灵魂,要"以高尚的精神塑造人,以优秀的作品鼓舞人"。文学创作的主体是人,文学服务的对象是人民,高尔基说"文学是人学"一点也没错。我以为纯文学的纯应该纯在"以高尚的精神塑造人"上,排除污染,清新空气,纯洁人的精神境界应该是纯文学的重要功能。

"文学是美学",将这话说得完整一点应当是"文学中美的因素,是美学的一个范畴"。文学反映的内容是美,文学表现的形式要美,"美就是惹人爱"。当然文学也揭露丑恶,因为社会上还存在着丑恶现象,丑恶是美的对立面,丑恶破坏了人间的美好。为了保护人间的美,就要去战胜存在的丑。因而纯文学的纯又要在美学上体现出来,要使文学作品富于美的感染力。美的感染力产生于美的精神世界,同时美的精神世界也要有美的艺术手段来表现。美的精神,美的艺术,两者完美结合,便是纯文学的美。

在《文学港》出刊满一百期之际,主编李建树同志对我说《文学港》要坚持走纯文学的路,我很赞成他的主张。纯文学刊物要在还不成熟的文化市场上取得一定份额,颇非易事,只有热爱文学工作,坚持要以"高尚精神塑造人,优秀作品鼓舞人"的作家和编辑才能下此决心。为此我表示钦佩。同时祝愿《文学港》刊运昌盛。

读宁波版《红楼梦》

《红楼梦》这部皇皇巨著,目前到底有多少版本在流传,一时也说不清楚,许多《红楼梦》爱好者都希望看到一部最符合曹雪芹原作原意的版本。但是要看到最符合作者原意的本子实在不容易,多少红学家想整理出一部理想的版本,不知费了多少心血。著名红学专家俞平伯先生曾说过:"我们要看未经程伟元、高鹗篡改的前八十回,要想接近曹雪芹原本的真面目,除研讨各脂评本的正文外,自然必须参考脂评。"脂评本是指有脂砚斋评的《石头记》古本。现在流行的一百二十回《红楼梦》都是依照程伟元、高鹗本刊印的,一般读者印象中的《红楼梦》就是程高本的《红楼梦》。

20世纪50年代俞平伯想恢复《红楼梦》的原貌,曾以脂评《石头记》抄本为底本整理了《红楼梦》八十回校本,受到专家学者的关注,由于印数少,读者中影响不大。1982年人民文学出版社出版了由中国艺术研究院《红楼梦》研究所校注的本子,前八十回以脂评庚辰本为底本,后四十回以程、高刻本为底本,经过整理,改正了前后文有矛盾的地方,受到读者欢迎,但它不附脂评,一百二十回本的缺陷仍未能克服。1993年浙江文艺出版社出版了蔡义江新校注本《红楼梦》。蔡先生对《红楼梦》有精深研究，他花了几年时间校注了《红楼梦》一百二十回本，对前八十回的校注尤见功力。

学海无涯，在蔡校本以后，我们又看到一部很有特色的《红楼梦》新版本，就是宁波出版社出版的《红楼梦鉴赏珍藏本》。我不敢说这是目前最好的版本，但是它确实为广大《红楼梦》的爱好者、研究者提供了阅读和研究的方便。

钟、陈两位主编，知识渊博，掌握材料丰富，考证周到，编纂精细，新版本"汲取了群书的精华，博采了百家的长处"。其最大优点：一是参照各种善本，整理出一部接近原作的底本；二为达到"导读鉴赏"的要求，择要介绍了从乾隆年间到五四时期，从五四时期到当代许多学者的研究成果；三在编辑体例上富有新意，前八十回回目前有脂砚斋总批，回末有总评，每一节段后有"赏析""注释""备览"三目，"赏析""注释"起提示、启发和解释作用，其他版本也有，不赘言。

回目前后的脂砚斋评，古抄本有，后来一百二十回本删去了，其实脂评对了解原作精神最有帮助，如三十四回"白玉钏亲尝莲叶羹"这一回回前总批："情因相爱反相伤，何事人多不揣量？黛玉徘徊还自苦，莲羹甘受使儿狂"，回末总评是"此回是以情说法，警醒世人，黛玉因情凝思默度，忘其有身，忘其有病；而宝玉千屈万折，因情忘其尊卑，忘其痛苦，并忘其性情。爱河之深无底，何可泛滥，一溺其中，非死不止……"。一部"大旨谈情""实录其事"的小说，说透了情里有几多愉悦，几多烦恼和痛苦，如果任情泛滥，则是"苦海无边"。脂评中有许多富于哲理的警句和精辟的艺术见解,很值得一读。

　　新版本最大特色是较其他本子多了"备览"。"备览"搜集了与内容有关的历代名家评述,供读者参阅。如第一回在"无材可去补苍天,枉入红尘若许年,此系身前身后事,倩谁记去作奇传"四句偈后,"备览"引入曹雪芹轶诗《自题画石》:"爱此一拳石,玲珑出自然。溯源应太古,堕世又何年?有志归完璞,无才去补天。不求邀众赏,潇洒做顽仙"。有此一诗对照四句偈,更可看出曹雪芹嵌崎磊落的性格和他身处末世,而又无力补天的悲凉心情。阅"备览"有助于加深、拓宽对《红楼梦》了解的深度和广度。

浙东史学的新枝

—— 读乐承耀历史著作有感

四明素称文献名邦、方志之乡,自宋朝起历代所修府、县、乡志书不亚百部,如"四明六志"等都享有名志的美誉。宁波又是浙东史学发轫之地,黄宗羲博学多识,贯通经史,首创"经世致用"学说,奠定浙东史学的基础;万斯同由经入史,通经致用,认为史学是"国家需用之学",主修《明史》言必有据,不著空文,成为史家之圭臬;全祖望博览群籍,精研文献,考证名物,表彰忠义,集浙东史学之大成。浙东史学派卓尔多才,影响深远,是浙东传统文化的重要组成部分。但令人遗憾的是史学根基如此深厚的宁波,很久没有出现一部能贯通古今的地方通史。虽然在清同治年间,鄞县举人董沛曾博综史实,广搜遗闻,用编年方法纂成《明州系年录》,惜其下限只到光绪,所列史实亦不具备通史要求。因此四明人极盼有一部通史问世,尤其在宁波历史发展到新的世纪,社会主义现代化建设取得辉煌成就的伟大时代,更希望有部能知本源、识古今、明兴替的通史出现。现在我们终于看到市委党校乐承耀教授的《宁波古代史纲》《宁波近代史纲》以及两部有关史学的论著出版，使人高兴。他能独立完成如此浩繁的工程，实非易事。他的两部"史纲"和近70万字的史文论，是相互联系、密切配合的。史论是他著"史纲"的思想核心，"史纲"是他史观、史论的系统演绎。他的史观以马克思主义历史唯物论为指导，他所掌握的史实则是广搜博求，吸取前人遗产和今人研究成果，读书破万卷所得。著名史学家徐规教授认为乐承耀的《宁波古代史纲》有四个特点：一、"广搜博引，资料充备"；二、"提出个人的研究心得"；三、"对于一些史实进行了细心的考证"；四、"补充了一些新的内容"。徐规教授指出的四个特点，都言之有据，实事求是，确是对乐承耀的"史纲"最恰当的评价。

乐承耀同志两部"史纲"和两部"文论"的出版不仅填补了宁波地方通史的空白，而且对有些史实和人物的考证、辨伪，既扎实又精细，表达了他爱国爱乡的思想感情。这里要特别提出的是他根据南宋楼钥撰的《汪公(大猷)行状》和周必大撰的《汪公神道碑》等碑志材料，提出南宋政府等派兵卫戍澎湖，驻军长官便是鄞县人汪大猷，说明台澎早已归属中国，汪大猷任泉州知州时就在澎湖建营房，驻水军，屯田兴农，为开发台澎做出贡献。宁波和台湾关系密切，先有汪大猷，后有沈光文，今有宁波帮，他们在台湾助农、兴教、从商，传播中华文化，都是有贡献的，《宋史汪大猷传》对此失记，乐承耀将他记入《宁波古代史纲》，这是十分重要的一笔。

历史著作的价值要由历史来检验，要请几代人来评论，这篇短文只表达我看到宁波出现第一部地方通史的喜悦心情，文章本身"卑之，无甚高论"，对乐著的优点和缺憾，还是多请高明来评说！

甬上画家三品

画虎传神写人入趣 —— 何业琦的国画

何业琦擅长画虎，人物描写也很出色，他才思敏捷，笔触流畅，能以简驭繁、随物赋形，作品颇有灵气。

他画虎对虎形虎态熟习于心，得心应手、出手很快。可贵的是他能以形传神，笔下所出老虎随物赋形，不同背景就有不同情态、不同神气。在《长啸图》中写迎风长啸的猛虎，虎威雄风咄咄逼人；《月夜奔泉图》画月光下一对威而不猛的虎，一在泉边长饮，一是目光炯炯地在探视猎物，神情毕露；他的《母子图》很有人情味，谚语云"虎毒不食子"，"舐犊情深"并非牛的专利，老虎也是有母子之情的啊！画家笔下的虎大都是通人性的虎，他们往往将自己的性情、感怀移情于画中的虎，所以张善子有张善子的虎，何香凝有何香凝的虎，自然何业琦的虎姓何而不姓张。以形传神，形有时不免雷同，神却不能一般，画虎若只有形而不具神，那只是图标不是艺术，何业琦画虎传神，因此他的老虎有看头。

何业琦画虎能传神，写人物则能入趣。他用写意画笔法画人物,勾画线条明快、着墨不多而情态宛然,富有情趣,他的人物画往往会使人发出会心的微笑。且以《对弈图》和《少小离家老大回》两幅画为例,画面出现的都是一老一少,老有老的情,少有少的趣。《对弈图》老者按棋路落子,不失慎思习惯;少者天机单纯,稚气中含有乖巧。这不是一副决胜负的棋局,而是人生两种境界的交融,笔淡而意浓。《少小离家老大回》写贺知章一首七绝的诗意,蕴涵浓浓的乡情和深深的哲理,画面构思十分精妙:老者弯腰问童子,面带着慈祥的爱意;童子仰面看老人,似感到陌生又亲切。这是两种情怀的交流,性情流露在整个画面中,是融情、理、趣于一体、含有哲意的好画。

画苑宿将刘文选

刘文选是宁波画苑老将,培养了不少绘画人才。他以写花卉见长,同时也画山水,佳作颇多。他的花卉画浑厚清丽,磊落大气。他雄浑厚实的风格,师承于浙派大师,而其着色用笔之妩媚处,则多自出心裁。他作的牡丹、杜鹃、菊花、兰竹、芭蕉、水仙、梅花及松石等,画幅、构图、设色、用笔,精匀有致,所画之物虽是画中常见,而立意、抒情,则时有新意,使人感到熟而不俗,艳而不腻。在他众多作品中我最欣赏他不烦经营、率真自然的几幅佳作。如《墨牡丹》,一扫浓墨重彩画牡丹的富贵心态,用洗尽铅华见真纯的本色画出牡丹的骨、格,这丛牡丹墨色浓淡适中,笔法洒脱自如,可能是画家在只想自抒心情不想取悦于人的心态下画的,却给欣赏者留下深刻印象。他有一幅《兰竹图》,画题为"一兰一竹无心得,多劳有心鉴赏人",画面疏朗,用笔简练,兰竹互映,亦文亦野,是作者在眼前有兰，胸中有竹的意象中随心而作，无意中却创造了天趣自然的境界，是一幅难得的作品。刘文选的山水画也很有功力，他写山水师法造化却自有心眼。他是四川人，对蜀山蜀水属意颇深，但他久居浙东，自然对浙东山水别具情怀。他的山水画集两地秀色于一体，可以用俊秀两字来概括其风格特征。《雪山观瀑》描绘雪窦山千丈岩飞瀑的气势，取景简练，只一壑、一瀑、一桥、二行人，外托一枝劲松，笔笔有力，力透毫端，质朴大气，秀色天然。《嘉陵江上》一边是陡峭的峻岭，一边是湍急的流水，画面留有大片空白，给人以江水浩渺的感觉，点缀几片风帆，使画多了一层抒情色彩，并给读者留下丰富的想象余味。古人论画以"气韵生动"为上品，《嘉陵江上》是一幅有韵味的山水画。

王利华的山水画

王利华以画山水松竹见长，他特别喜欢画他家乡雪窦山的山水，一山一水，一枝一叶都倾注着他爱祖国山河，爱家乡水土的深情。他近年创作了几幅有影响的山水画，如《溪口千丈岩》，如《四明山泉》，都带有浓厚的乡情。《溪口千丈岩》手法是写实的，一山一水都以实境为背景，以烟雾云霞为烘托。写景太实不免拘谨，有了烟雾缭绕，则增添了灵动感，烟霞云雾使山水有精神，这是王利华山水画的艺术特色。

《四明山泉》是王利华的近作，与《溪口千丈岩》比较，无论是立意、布局、技法、敷色，都较前者高出一筹，无怪王利华的山水画越来越受人欢迎。《四明山泉》总体气势恢弘，描写景物则笔笔细致入微，岩石峰峦雄健厚重，千树万叶用"雨点皴"笔笔细写，一丝不苟。色彩浓淡相间，层次分明清晰，远峰近峦依稀可辨。右上方大片云雾飘逸于峰腰之间，景色幽深邃密；左边则山势曲折，飞瀑或曲或直顺势而泻，使人觉得此山高不可攀、此水深不可测，此画为四明山水增光添彩。

《宁波剧作家优秀作品选》评赞

看到裴明海同志主编的近百万字的《宁波剧作家优秀作品选》惊叹不已,真没想到在植被不厚的宁波戏剧园地,竟会长出如此丰硕的果实。但细细一想也不奇怪,凡是有泥土的地方,都会生长与当地气候风土相适应的植物;凡是有文化的地区,都会有当地人民喜闻乐见的戏曲艺术。如果没有随风飘扬的蒲公英,没有热火朝天的鸡冠花,没有敢以点点小花与绿萼、墨荷等名卉斗艳的繁星菊,怎么能形成花团锦簇的百花园呢?如果没有众多的地方戏、众多的作者、众多的剧目、众多的艺人,怎么能使中国成为泱泱的戏剧大国呢?

平时看甬剧、姚剧、越剧的次数也不算少,看时品头评足一番,过后也就淡忘了。现在明海同志把厚厚的剧作选放在我面前,心里不免感到沉甸甸的。这都是宁波剧作家和艺术家们心血的结晶啊!我们在衡量宁波市精神文明建设的分量时,能不把这一砝码放上去吗?这些含辛茹苦、惨淡经营的成果,来之不易啊!宁波虽然还称不上戏曲之乡,但是宁波戏曲也是源远流长的。元、明时，戏曲分北曲、南戏两大流派，宁波是南戏流行的地区，著名的《琵琶记》就产生于宁波。余姚的"余姚腔"曾与"昆腔"、"海盐腔"、"弋阳腔"并驾齐驱，盛极一时，可惜失传多时了。现在源自"鹦哥班"的姚剧崛起，可算是文献名邦一丛烂漫的山花。声情并茂的"甬昆"是昆腔的一支余脉，一度盛行于城乡舞台和喜庆宴会上，可是至今已经绝响。宁海"平调"由"乱弹"演化而来，唱腔粗犷嘹亮，艺人都身怀绝技，可惜地处一隅，知音稀少。越剧诞生于嵊县，成长于宁波，成熟于上海，宁波可算越剧的第二故乡。甬剧起步于"串客"，原本是民间爱好者在田畈、河滩即兴的客串表演，后来逐渐形成一出出有趣的小曲目，并在乡间庙会、富家堂会演出，成了独具一格的"宁波滩簧"，后来又在上海码头占一席之地，与"沪滩""苏滩"相互影响，互相嫁接，终于和沪剧、锡剧一样，形成独立的地方剧种。甬剧、姚剧都以演地方戏、时装戏见长，贴近现实生活，经过剧作家、导演、演员的艺术提炼，去芜存菁，创作了不少具有时代精神和地方色彩的剧目，形成引人注目的两个地方剧种。

《宁波剧作家优秀作品选》选了天方、杨东标、戚天法、张金海、王信厚等12位作家创作或改编的21个剧本，大都是在继承发扬宁波戏曲传统基础上，以改革的新姿态，反映改革开放时期的生活场景和人们精神风貌的优秀作品。这些剧作有两个特点：

一、现代剧目生活气息浓，现实感强。能以简练的艺术手段来展示当代人的精神世界，他们在习惯势力与改革精神的矛盾冲突中，不是谁打倒谁，而是矛盾双方都各自去战胜自身的弱点，以顺着历史潮流向前看的精神，来求得矛盾的解决。尽管在矛盾发展过程中有辛辣的讽刺、激烈的斗争，但最后都能寻求到认识的共同点,使矛盾得到合情合理的解决,如《传孙楼》《罗科长下岗》《浪子奇遇》等就是如此。这也许是新时期戏剧冲突的新形式,值得进一步探讨研究。

二、传统剧目富于新意。不论是新编的还是改编的,都能以新的价值观和审美观来审视历史题材,使旧剧目有新精神,拓宽了戏路,给舞台增添了新的艺术魅力。传统原本就是历史的积累,因此在新的历史时期注入新的基因,就使传统的源头活水长流不息,看《琥珀泪》《归长安》《琼浆玉露》等剧本时,就有这样的感受。

《宁波剧作家优秀作品选》是现阶段宁波戏剧创作的标志,同时也是今后宁波戏剧发展的新起点。为了使今后有更高水平的剧作出现,应该看到我们剧作还有许多不足,如剧目的思想深度和艺术感染力还不够强。戏剧是时代的镜子,只有剧作家深入了解生活,把握时代的脉搏,才能深刻地反映时代的动态,展示新时代人的精神风貌。同时还希望戏剧能给人更丰富的美的感受,剧本不单是一出戏的脚本,它还应当是文学作品,要有引人入胜的文学魅力。戏剧语言要生活化、性格化;唱词要有诗情画意,并有耐人寻味的哲理,这一切都有赖于作者进一步努力。

《宁波剧作家优秀作品选》已播下优良的种子,希望来日能长出更茁壮的新芽,开出更鲜美的香花!